딸기를 먹을 때는 울지 않기로 해

夏が始まった。
素直になれる勇気はあるか。

여름이 시작됐어.
솔직해질 용기는 생겼어?

여기 내 마음을 적었으니 이젠 네 차례야

자, 우리들의 여행은 여기까지야. 나와 함께한 시간은 어땠어? 많이 울고, 많이 웃고, 많은 사람을 만나고 잃었지만. 그래도… 즐거웠지? 너와 만나게 되어서 다행이야. 행복한 여행이었어. 언젠가 너와 또다시 만나게 된다면. 그땐 좀 더… 좀 더… 너와 오랫동안 함께할 수 있도록 노력할게. 지금까지 고마웠어. 잘 가, 하나뿐인 내 친구.

틱톡에서 큰 화제를 모았던 콘텐츠 '디지털 서커스'의 대사다. 내가 정말 좋아하는 대사다. (이 대사는 틱톡커 리버 님

<u>이 쓴 것으로 알려져 있다.</u>) 여행이 끝난다는 것은 두 사람이 함께한 시간도 끝난다는 뜻이다. 기쁜 일도, 슬픈 일도 있었지만 그래도 결론적으론 함께해서 즐거웠다는 것. 그런 행복한 여행을 만들어 준 너와 만나서 다행이라는 것. 언젠가 또 너를 만나 함께 여행하게 된다면 그땐 좀 더 너와 오랫동안 함께할 수 있도록 노력하겠다는 것.

이런 다양한 생각들이 뭉게뭉게 머릿속에 떠오른다. 그런데 이 말을 다르게 표현하면, 지금은 함께 있고 싶어도 함께할 수 없는 상황이라는 뜻이다.

지금까지 고마웠어. 잘 가. 하나뿐인 내 친구.

이별을 암시하는 마지막 문장. 이 대사에서 '여행'을 우리의 '삶'이라고 생각한다면 여행의 끝은 자연스럽게 '죽음'일 것이다. 조금 가벼운 키워드라면 '만남'과 '이별'이 있으려나? 나만 그렇게 느낀 건지, 다른 사람들도 그렇게 느낀지는 모르겠지만, 내가 영상에서 '디지털 서커스'의 대사를 읊었을 때만큼은 '죽음에 다다른 나'에 감정을 이입하여 대사를 읊었다.

죽기 직전에 나의 주변 사람들에게 이렇게 묻고 싶다.

"나와 함께한 시간은 어땠어?"

내가 바라는 것들이라면. 나와 함께한 시간이 너에게 후회되는 시간이 아니었길. 나와 함께한 시간이 너에게 즐거운 시간뿐이었길. 나와 함께한 시간의 기억들이 행복만으로 가득 찼길. 그리고 내가 너에게 단 하나의 나쁜 기억도, 단 하나의 피해도 남기지 않았길.

물론 욕심일 것이다. 사람이 살면서 어떻게 좋은 추억만 남길쏘냐. 함께 울고 웃고 싸우고 화해하며 만드는 추억들이 모두 마지막에 말하는 행복일 것이다. 하지만 모든 게 행복으로만 끝난다면 잔혹동화는 왜 있겠는가. 게임에 배드 엔딩이라는 게 왜 있겠는가. 이 세상에는 행복하게 끝을 내지 못하는 관계도 있다.

 나는 그 관계가 무섭다. 누군가에게 나도 모르게 상처를 줄까 봐 무섭고 누군가에게 나도 모르게 아픔을 줄까 봐 두렵다. 그래서 나는 줄곧 사람을 피했다. 내가 누군가에게 어떤 아픔과 상처를 줄지 모르니, 나 스스로 그들을 피했다.

 그렇게 회피한 곳은 바로 SNS. 익명의 사람들이 활개 치는 곳. 그리고 애정 깊은 '틱톡'은 나의 5년간의 일기장이 되어 줬고, 그때부터 나는 그곳에 나의 하루를 끄적였다. 지금까지 수많은 댓글이 달렸다. 악플도 많다. 하지만 그 댓글들을 내 일기장을 본 누군가의 감상평이라고 생각하면, 악플이 아닌 한 사람의 의견으로 보인다. <u>(물론 선 넘는 패드립이나 욕들은 의견이라고 볼 수 없다.)</u>

 '류라이'가 아닌 '유소희'라는 인물도 5년 동안 정말 많은 변화가 있었다. 그 이야기들을 이 책에 적어 봤다.

그리고 이 책을 쓰며 더 과거로 거슬러 올라가, 스무 살이라는 나이를 훌쩍 넘긴 지금, 내가 어째서 집 안에만 틀어박혀 있는 히키코모리의 생활을 하게 되었는지 그 이유도 생각해 봤다. 물론 내가 생각한 이유가 진짜 원인이 아닐 수도 있다.

길티플레저. 죄의식을 뜻하는 'Guilty'와 기쁨을 뜻하는 'Pleasure'를 합친 말이다. 류라이의 삶은 이런 죄책감과 기쁨이 뒤섞여 있다. 너무 많이 먹으면 건강에 좋지 않지만 새콤달콤한 생딸기를 끊을 수 없다. 자존감이 붕괴될 정도로 심한 악플에 시달리지만 나를 사랑해 주는 류씨집안 아가들과 만날 수 있는 틱톡을 끊을 수 없다.

누구나 이런 '죄책감 느끼는 즐거움', 즉 길티플레저 하나쯤은 갖고 있을 것이다. 사람들이 지금까지의 내 인생이 담긴 이 글을 어떻게 읽어 줄까. 최대한 솔직하게 적었다. 사람들은 가공의 류라이가 아닌 진짜 유소희의 이야기가 궁금했을 테니까. 마치 일기장을 적듯이 투명하게 내 마음을 적었으니 이제 다음은 당신이 적을 차례다. 언젠가 우리가 만나서 서로의 이야기들을 포개 봐도 좋겠다는 생각이 갑작스럽게 드는 나는, 틱톡커 류라이이자 일반인 유소희다.

2025년 6월, 딸기의 제철에

독자에게
이 책에 실린 모든 글은 저자 류라이가 일상의 말투로 친구에게 편지를 쓰듯, 혹은 마음속 고민을 혼자만의 일기에 적듯 작성하였습니다. 구어체의 느낌과 저자의 고유한 표현을 최대한 살리고자 노력하였습니다. 이에 따라 일부 한글 맞춤법에 어긋난 표현이 있을 수 있습니다.

차 례

6 프롤로그_ 여기 내 마음을 적었으니 이젠 네 차례야

"안녕?
나 친구 없는데 나 좀 잘 부탁해."

23 "야, 어디서 돼지기름 냄새 나지 않냐?"
#전학

32 "선생님, T세요?"
#보건실

37 "얘네는 대체 왜 나랑 같이 다니는 걸까?"
#사람의 가치

42 "아, 응애. 나 어른 안 할래. 걍 배 째."
#경계성 지능 장애

51　"사실 이 사건 뉴스에 제보할 걸 후회 중."
#묻지마 폭행

62　"후회해도 소용없는 내 다리."
#코끼리 다리

비밀 두 알, 일본어  "그냥 놀이라고 해 두자, 일본어 놀이."

77　"류라이 = 덕후."
#오타쿠

82　"입학 제1조건: 교복이 이쁠 것."
#일본어과

86　"집에서도 일본 여행 쌉가능."
#언어 교환 어플

95　"복잡한 생각 ㄴㄴ, 그냥 시작 ㄱㄱ."
#사이키 쿠스오의 재난

102 　"걍 혼자 사는 게 맘 편함."
#플라토닉

109 　"내 순결 절대 지켜~!"
#마지막 연애

"사기 필터를 쓰는 내 얼굴은
어째서 그들처럼 안 변할까?"

123 　"남의 다이어트 따라해봤자 얻는 건 병든 몸뿐."
#0고백 1차임

131 　"이런 망할 외모 지상주의 사회!"
#저체중

140 　"돈 주고 모든 것을 살 수 있는 세상(외모까지)."
#악플

146 　"보정을 많이 해서 죄송합니다."
#얼굴 윤곽 수술

 비밀 네 알, 딸기

"딸기는 색깔이 어두울수록
더 달콤하다."

---

(159) "내 입에 들어갈 거 나만 맛있으면 된 거지, 뭐."
#밀가루전

(164) "누군가의 사랑은 결코 가치를 매길 수 없다."
#딸기 덕후

(171) "앉은자리에서 딸기 10kg 먹기 완전 가능."
#딸기 억까 사건

(180) "솔직히 딸기 아주 가아끔은 물리더라."
#설탕파 vs. 반설탕파

비밀 다섯 알, 틱톡
"여러분은 대체 나를 왜 좋아하세요?"

- 193   "틱톡, 그것은 길티."
  #닉네임 플라이

- 204   "류라이를 좋아한다고? 취향 독특하네."
  #류라이라서요

- 212   "너와 나의 이야기는 여기까지야."
  #디지털 서커스

- 218   "내 정신병을 치료해 준 그들에게."
  #류씨집안 아가들

- 224   "인간이길 포기하진 않을게.
  나름대로 노력해 보겠음."
  #꿈

 "어느새 내 주변에는
아무도 남아 있지 않게 되었다."

---

235 "아놔, 집 밖에 나가기 시러 시러."
#인간불신론자

245 "이번 생 목표: 남에게 피해 안 주고
혼자 조용히 살아가기. 끝."
#무단 도용 사건

251 "가벼운 병은 굳이 병원에 안 가도 된다구!"
#병원비

258 "사랑받을 자격 없는
불에도 안 타는 쓰레기 내 인생."
#불효녀

263 "신이시여, 코코에게
30년 더 살 수 있는 버프 내려 주세요."
#코코

272 "엥, 나 원래 꽤 활발한 사람이었구나."
#아이돌 놀이

 **"난 엄마, 아빠보다 먼저 죽어서
엄마, 아빠의 마지막을 보지 않을 거야."**

---

(283) "이 할미가 우리 소희 지켜 주니까
     걱정 말고 푹 자라."
     #비밀 말동무

(293) "할머니의 손은 정말 차가웠다."
     #이별

(301) "내가 낸 상처라서 누구를 탓할 수도 없고."
     #계획된 죽음

(309) "부모님, 그들은 나의 슈퍼 히어로."
     #엄마, 아빠

(318) 에필로그_ 이 글을 읽고 나를 더 혐오하게 되었다면

(322) 부록_ 류라이의 인생 노래

비밀한 알, 친구

"안녕?
나 친구 없는데 나 좀 잘 부탁해."

'언니는 왜 영상에서 늘 혼자예요?'
'한국인 친구는 없어요?'

늘 듣는 질문들이다.
늘 대답하고 싶었다.

'없어요.'

난 한국에서 친구가 없다.
그렇다고 일본 친구가 많은 것도 아니지만
한국에서 친구는 정말 손에 꼽을 만큼 적다.

친구라는 사람은 나에게 행복도 주지만
그와 동시에 불행도 준다.
믿은 만큼 배신감도 느낀다.
나는 그런 고통을 느끼지 않기 위해 행복을 포기한 것이다.

사람은 행복하지 않으면 불행하지도 않다.

물론 예외인 상황도 있지만
인간관계라는 것은 만들지 않으면
아무 일도 일어나지 않기에 나는 만들지 않는 것뿐이다.

정말, 그뿐이다.

"야, 어디서 돼지기름 냄새 나지 않냐?"
#전학

나는 무엇이든 깊게 생각하지 않는, 방구석에서 혼자 영상 찍으며 오직 SNS 안에서만 인터넷 속 사람들과 소통하기를 좋아하는 일명 히키코모리다. 하지만 이랬던 나도 친구들과 웃고 떠들며 집에 들어가기 싫어할 정도로 '뽀로로'였던 시절이 존재했다. <u>(노는 게 제일 좋아♪)</u>

뽀로로가 히키코모리로 바뀐 가장 큰 계기는 초등학교 4학년 때, 다른 동네로 이사를 가며 전학을 하게 되면서다. 그때만 해도 나는 성격이 정말 밝았다. 여자, 남자 할 것 없이 모두와 친했다. 내가 다른 학교로 전학을 간다는 이야기를 들었을 때 여자아이들은 울면서 슬퍼해 줬고 남자아이들은 "너 거기 가서도 남자애들 때리고 다니지 마", "우리 반 장미란이 가버리면 이제 나 상대할 수 있는 여자애 이 학교에 없는데" 같은 농담을 할 정도로 같은 반 모두와 두루 친했다. <u>(당시 나는 힘이 세고 덩치도 커서 별명이 역도선수 장미란이었다.)</u>

모든 짐을 싸고 교실을 나올 때는 우리 반 애들이 모두 우르르 달려 나와 한 명씩 나를 안아 줬다. 우리의 우정은 끈끈했다. 그때 전학을 가는 내게 반 친구들이 창밖으로 손을 흔들어 주던 사진은 아직 내 스마트폰 클라우드에 소중히 보관되어 있다.

그러기에 전학은 정말 청천벽력 같은 일이었고, 새로운 학교는 나를 배신자로 만들었다. 그렇게 배신자가 된 나는 새로 전학 간 학교에서 새로운 아이들에게 마음의 문을 닫았다.

'이 학교의 친구들, 선생님들과 친하게 지내면 나는 예전 학교 친구들과 선생님을 배신하는 거야.'

이런 생각으로 4학년부터 6학년까지 새 초등학교에서의 시간 동안 내게 상냥하게 다가와 주던 친구들과 선생님들을 거부했다. '초등학교 친구들을 배신한 사람'이라는 타이틀에 스스로 가둔 채 2년여간 그 누구에게도 마음의 문을 열지 않았다. 그렇게 어린 나는 자연스럽게 혼자가 되는 길을 택했다. 학교에는 늘 혼자서만 다니는 나를 이상하게 쳐다보는 친구들이 늘어났다. 새 학교의 친구들은 상냥해서 나에게 먼저 다가와 줬지만 나는 매번 그들을 거부했다.

나를 이상하게 보는 시선들에도 신경 쓰지 않았다. 나는 전의 학교 친구들, 선생님들과의 의리만 지키면 그만이라고 생각했다. 하지만 어리석은 생각이었다. 내가 새로운 학교에서 그들과의 의리를 지킨다고 해도 그들은 내가 없는 자신들의 학교생활을 아무렇지 않게 즐기고 있었을 텐데. 지금 생각해 보면 나 혼자 그들과의 의리를 지키고 있었던 것이다.

그렇게 남은 3년 혼자 학교를 다니다 중학교를 입학해야 하는 시기가 다가왔다. 중학교는 '뺑뺑이'로 우리 집과 가까운 중학교에 배정이 되는 시스템이었다. 하지만 3년의 시간을 혼자 지내 온 나는 친구 사귀는 법조차 기억이 나지 않았다.

중학교는 그야말로 작은 사회였다. 아이들이 성장한 만큼 집단이 형성되어 있었고 이것이 학교생활에서 정말 중요하다는 것을 깨달았다. <u>(일종의 무리 같은 것이랄까?)</u> 그만큼 친구라는 존재가 정말 중요하다는 걸 뒤늦게 눈치챈 것이다. 정신을 차리고 나도 친구를 다시 사귀어 보자는 생각을 했지만, 이미 3년이라는 시간을 외톨이로 지냈던 나는 '친구 사귀는 법'을 인터넷에 검색해 가며 중학교 입학 전날까지 뜬눈으로 밤을 지새웠다.

첫 중학교 반을 배정받고 같은 반 친구들을 확인하는 날. 인터넷에 나와 있던 대로 앞자리에 앉은 친구에게 먼저 말을 걸었다.

"안녕? 나 친구가 없는데, 나 좀 잘 부탁해."

진짜 이 대사 그대로 앞자리 친구에게 말했다. 그 친구는 이 말을 듣자마자 일명 '썩소'를 지었다. 힘들게 용기를 냈음에도 3년 동안 스따였던 탓에 사회성이 부족했던 나의 도전은 거기서 끝나버렸다. (스따란 '스스로 왕따'의 줄임말이다.) 나는 중학생이 되어서도 여전히 혼자였다.

중학교는 초등학교와 다르게 혼자 다닐 때 더 많은 것들이 신경 쓰였다. 초등학교는 교실에 급식 차가 와서 따로 이동할 필요가 없었지만, 중학교는 급식실에 직접 내려가 밥을 먹어야 했다. 게다가 친구들과 다같이 해야 하는 과제와 평가들이 정말 많았고, 조를 짜야 할 때 반 애들은 모두 자기와 친한 친구끼리만 구성하고 싶어 했다. 그래서 나는 언제나 혼자 덩그러니 남았고, 늘 선생님께서 "사람 한 명 남는 팀에 소희도 껴 줘라"라며 친구들에게 부탁을 하셨다.

선생님의 부탁을 들었을 때 불편해 하던 친구들 표정이 가장 보기 싫었고, 결국 원치 않은 친구와 팀이 되어 과제를 하며 대놓고 싫은 티를 내는 친구들이 조금은 미웠다. 혹시나 선생님이 내게 발표라도 시키면 어쩌나 조마조마했다. 지목을 당해 발표를 하게 되면 발표가 끝나고 친구들에게 박수를 받지 못하는 상황도 너무 싫었다. 정기적으로 자리를 바꾸는 날에는 매번 나와 짝이 되는 애들이 짜증을 냈는데, 나를 경멸하며 바라보던 아이들의 그 눈빛이 참 괴로웠다.

사실, 다 필요 없고 급식실을 갈 때가 가장 싫었다. 처음 급식실에 혼자 갔을 때는 많이 괴롭지 않았다. 공부하느라 365일 배고픈 학생에게 급식은 정말 천국 같은 순간이었기 때문이다. (심지어 우리 중학교 급식은 늘 푸짐하고 맛있었다!) 하지만 그런 급식실은 나의 유일했던 학교 안 천국에서 곧 지옥이 되어버렸다. 당시 중학교 급식실은 선생님들의 지도 아래 급식실에 남는 좌석이 없도록 꽉꽉 맞춰 앉아야 했다. 보통 급식실 식탁은 네 명이 앉도록 되어 있었는데, 이미 같이 먹고 있던 세 명 사이에 선생님의 지시로 내가 앉게 되면 그곳은 그야말로 가시방석이 되었다. 좋아하는 급식 메뉴가 나와도 맛있게 먹지도 못하고 같이 앉은 친구들의 눈치를 보다가 결국 음식을 통째로 잔반통에 버리곤 했다. (지금 생각해 보면 학교에서 나 같은 학생을 위해 1인용 테이블을 만들어 줬으면 좋지 않았을까 싶다.)

그런 일들이 반복되는 것이 괴로워서 나는 언젠가부터 아예 급식실에 내려가지 않게 되었다. 사실 점심 급식을 포기하게 된 가장 큰 계기는 따로 있다. 처음엔 배가 고프면 머리가 굴러가지 않으니까 가시방석일지라도 창피함을 감수하고 밥을 먹었다. 나중엔 나름대로 익숙해져서 속으론 엄청 불편하지만 억지로라도 밥을 먹을 수 있게 되었다.

그런데 중학교 1학년 후반부터 나를 이유 없이 괴롭히는 친구가 생겨났다. 지금 생각해봐도 나를 괴롭혔던 이유를 도저히 모르겠다. 그 친구는 나랑 별로 이야기를 한 적도 없고 마주친 적도 없었는데 군이 매일 학교에서 나를 찾아와 괴롭혔다. <u>(나중에 알아 보니 그 애는 내 쌍둥이 오빠도 괴롭혔다고 한다. 그저 나의 오빠라는 이유로 말이다.)</u>

그런데 어느 날 급식실에서 하필 바로 그 친구 옆에 앉아야 하는 상황이 벌어진 것이다. 나는 속으로 '선생님이 앉으라고 하는 거니까 어쩔 수 없지…'를 수백 번 외치면서 그 친구 옆에 앉았다. 그리고 내가 앉는 순간 바로 들려 온 그 친구의 한마디.

"야, 어디서 돼지기름 냄새 나지 않냐?"

나는 어렸을 때부터 덩치가 컸다. 키가 컸던 건 아니다. 그저 살이 통통하게 쪘던 거다. 중학교 때 내 키는 158cm에 몸무게는 62kg 정도가 나갔다. 말하자면 조금 비만이었다. 그래서 당시 몇몇 아이들은 나를 '돼지'라고 불렀는데, 그 친구도 그중 한 명이었다. 하지만 그 애가 유독 나를 향한 놀림이 심했다.

그 친구의 말을 들은 순간, 나는 나를 향해 한 말이라는 것을 바로 알아챘다. 식판에 퍼 온 음식을 한 입도 먹지 않고 그대로 잔반통에 쏟아 버린 후 급식실을 뛰쳐나왔다. 보통은 음식이 아까워서 전부 먹는데 그 순간만큼은 그런 생각조차 들지도 않았다. 그날은 하필이면 내가 유독 좋아하는 메뉴였지만 전부 음식물 쓰레기통에 털어 넣고 도망치듯 보건실로 갔다. (무려 제육볶음이었는데.) 그리고 보건실 침대에서 이불을 뒤집어쓰고 펑펑 울었다. 그 뒤로는 단 한 번도 급식실에 가지 않았다.

"선생님, T세요?"

#보건실

나에게 보건실은 정말 특별하다. 학교라는 감옥 안에 존재하는 유일한 오아시스 같은 곳. 보건실 선생님도 나에겐 정말 특별했다. (앞으로는 줄여서 '보건쌤'이라고 부르겠다.) 중학교 보건쌤은 현재 다른 학교에서 일하고 계시지만 나는 성인이 된 지금까지도 연락을 나누며 스승의 날에는 바뀐 학교를 찾아가서 직접 인사를 드린다. 보건쌤이 안 계셨다면 나는 중학교 3년의 시간을 버티지 못했을 것이다. 내가 늘 친구들에게 놀림을 받고 상처를 받아 힘들 때 다친 내 마음을 치료해 준 곳이 바로 보건실이다.

선생님은 언제나 내 이야기를 묵묵히 들어 주셨다. 남자애들에게 맞은 일, 억울하게 청소 당번을 뒤집어쓴 일,

같은 학교에서 친구들에게 당한 속상한 일부터 나의 꿈과 요즘 취미생활, 관심사에 대한 것까지 나에 대한 모든 이야기에 귀를 기울여 주셨다. 내가 TMI를 남발해도 전부 잠자코 들어 주셨다. 급식실을 가지 않게 되었을 때도 선생님은 "그럼 이제 보건실로 와. 소희 너 먹을 거 내가 조금씩 집에서 싸오든가 할게"라며 내가 굶지 않을 수 있도록 배려해 주셨다.

그런데 지금 생각해 보면 선생님은 확실한 'T'이신 것 같다. 언제나 내 말에 공감해 주며 함께 속상해 하시기보다는 늘 내게 먼저 해결책을 제시해 주셨다.

예를 들면 이런 식이다.

"저 오늘 짝꿍에게 맞았어요."
"이유는?"
"짝꿍 책상에 제 지우개가 넘어갔는데 그걸로 엄청 화를 내더니 주먹으로 제 배를 세게 때렸어요. 그래서 담임 선생님한테 말씀을 드렸는데 선생님은 그 친구가 분노를 잘 조절하지 못하는 친구라면서 저에게 그냥 넘어가라고 했어요."

"그래? 일단 배 찜질부터 하자."

다른 사람이 봤을 땐 "저게 뭐야?" 싶을 수 있다. 나도 처음엔 보건쌤이 매정하게 느껴졌다. 무뚝뚝한 반응이 속상했다. 보건쌤이 우리 반 담임 선생님을 찾아가서 "애가 이렇게 맞았는데 그 친구를 혼내셔야죠!"라며 따져주길 바랐다. 하지만 지금 생각하면 선생님 마음도 이해가 간다. 선생님의 입장에서는 그 학교는 엄연히 '직장'이다. 그리고 나의 담임 선생님은 '직장 동료'이다. 학생 하나 때문에 괜히 직장 동료와 틀어진다? 그런 귀찮은 일을 만드는 건 지금의 나 같아도 안 할 것 같은데. 물론 이건 내 생각이다. 진짜 보건쌤의 생각은 나도 잘 모른다.

그리고 당장 앞에 앉아 있는 학생이 배가 아프다고 하니, 일단은 아프지 않도록 찜질이라도 해 주는 게 보건쌤 나름의 직업 정신이 아니었을까? 그리고 따지고 보면 선생님 입장에서 나는 '남의 집 자식'인데 굳이 신경을 많이 쓸 필요가 있었을까? 선생님은 전교에 있는 수많은 아픈 아이들에게 '모두의 보건실 선생님'이었는데 말이다.

점심시간에 급식실에 가지 않으니 빈 교실에 덩그러니 앉아서 엎드린 채 자는 척하는 나에게 선생님은 "보건실에서 자라, 너 오면 보건실 문 잠가 놓고 나는 밥 먹으러 갈 테니까"라고 말씀하셨다. 내가 보건실에 올 때까지 늘 기다리셨다가 내가 오고 나서야 뒤늦게 식사를 하러 가셨던 보건쌤. 아직도 연락하고 안부 인사를 드린다. 중학교 졸업식 때 유일하게 인사를 드린 선생님도 보건쌤이었다. 담임 선생님들에게도 마지막 인사를 드리지 않았는데. 하지만 보건쌤은 내 졸업식을 마지막까지 함께해 주셨다.

졸업식날 보건실은 정말로 조용했다. 그 조용한 보건실에서 보건쌤은 언제나 다친 학생들을 위해 자리를 지키고 계셨다. 마지막 졸업식 때 함께 사진 찍으며 궁상맞게 나 혼자 펑펑 울었다. 그때가 아직도 생각난다. 펑펑 울며 선생님께 이야기했다.

"선생님, 저 성인 되어서도 쌤한테 연락할 거니까 저 잊어버리면 안돼요."

그 약속을 하며 보건쌤과 함께 찍은 사진. 밝게 웃고 계시는 미소가 지금 봐도 아름다우시다. 그 사진 아직 가지고 있는데.
.
.
.
아, 갑자기 보건쌤이 보고 싶다.

"얘네는 대체 왜 나랑 같이 다니는 걸까?"
#사람의 가치

나는 늘 가치 있는 사람이 되고 싶었다. 상대에게 늘 가치가 있는 존재가 되고 싶었다. 그래서 나의 가치를 찾아다녔다. 줄곧 찾아다녔다. 살면서 처음으로 진심이 통하는 친구들이 생겼을 때 나는 내 가치를 찾기 위해 더 열심히 노력했다.

당시 친했던 친구들은 정말 굉장한 능력을 가진 아이들이었다. 모두 매력적이고 이뻤다. 공부도 잘했고, 그중 한 친구는 일본어도 거의 일본인만큼이나 완벽하게 구사했다. 한마디로 같은 나이인데 나와는 너무나 비교가 되는 과분한 친구들이었다. 그 친구들에 비해 나는 뚱뚱하고 공부도 못하고 그림도 잘 그리지 못했다. 일본어로 인사조차 할 줄 모를 정도로 회화 실력도 형편없었다. 그래서 나는 그 친구들과 '어울리는 사람'이 되기 위해 더 열심히 노력했다. 그 결과 성적은 반에서 10등 안까지 올랐고, 일본어도 '히라가나', '가타카나' 정도는 읽고 쓸 수 있는 실력이 되었다. 다이어트도 꽤 해서 '뚱뚱'에서 '약간 덜 뚱뚱'으로 변했다. (사실 솔직히 말하면 큰 변화는 없었다.)

하지만 내가 성장의 계단을 오를 때 나만 그 계단을 올랐을까? 그 친구들도 가만히 있진 않았을 것이다. 내가 그 친구들과 드디어 같은 층수라고 생각했을 때 그 친구들은 이미 나보다 훨씬 더 높은 곳에 있었다. 그림을 잘 그리던 한 친구는 어느 일러스트 공모전에서 1등을 할 정도로 그림 실력이 뛰어나졌고, 일본어를 잘하던 친구는 JLPT 1급을 따며 이미 현지인 수준의 일본어를 구사하게 되었다. 공부를 무지 잘하던 친구는 늘 전교 1등을 유지하고 있었다.

나는 또다시 절망했다. 이 친구들은 대체 자신들보다

한참이나 부족한 나랑 왜 같이 다니는 걸까? 나라는 친구가 창피하진 않을까? 자신들보다 하나도 나은 점이 없는 난, 옆에 있어 봤자 가치가 없는데. 그림을 잘 그리는 친구에게는 그림을, 일본어를 잘하는 친구에게는 일본어를, 공부를 잘하는 친구에게는 공부를 도움받을 수 있지만, 나는 그 친구들에게 도움을 주기는커녕 늘 받기만 해야 하는 입장이었다. 아무리 생각해 봐도 그들이 나와 친구를 할 이유는 없었다.

그렇게 나 자신의 가치를 의심하다가 결국 그 친구들과 갈등이 생겼고, 나는 그 친구들 중 한 명에게 물었다.

"넌 왜 나랑 같이 다녀? 난 너희 옆에 있어 봤자 잘난 것도 없고 아무짝에도 쓸모도 없고 가치도 없는 인간인데!"

그 친구는 대답했다.

"넌 친구 사귈 때 가치를 판단하고 사귀니?"

머리가 띵했다. 나는 사람을 볼 때 뭘 봤지? 내가 이 친구들과 다니면서 이 친구들의 가치를 봤을까? 그 친구들이 뛰어난 게 많은 건 사실이다. 하지만 그들과 친구를 하기 전엔 전혀 몰랐다. 친해지며 자연스럽게 친구들이 뛰어난 능력과 가치를 지니고 있다는 것을 알게 되었다. 나 자신이 초라하게 여겨져 위축된 것도 그 이후부터였다. 그게 마지막이었다. 그 친구들과의 다툼도, 관계도.

'이 잘난 친구들을 옆에 두면 나도 잘나 보일 것 같아서 함께 다녔던 것인가?' 아니. 그저 이 친구들과 함께했던 시간들이 너무 즐거웠다. 이 친구들과 처음 겪어 보는 일도 많았고, 함께 밤새우며 축제를 준비했던 기억도 뜻깊었다. 수련회에서 재밌게 비밀 이야기를 나누며 과자를 먹었던 추억도 나에겐 너무 소중했다. 그런데 대체 나는 무엇이 그리 불안하고 불만이었을까. 대체 왜? 도저히 이해가 가지 않는다. 그런 생각을 하는 나 자신이 정말 한심하게 느껴졌다.

    그 친구들과 함께하는 일들은 모두 내게 행복한 추억들이었다. 어렸던 나는 그 친구들이 전부였기에 그들을 잃고 싶지 않았다. 그래서 난 더 불안해했고, 어느 순간부터 나는 '내가 이 무리에서 가치가 사라지면 친구들로부터 버림을 받을 거야'라는 생각에 사로잡히게 되었다. 그래서 나 혼자 불안해하고 나 혼자 걱정하고 나 혼자 두려워 했다. 결국 나의 쓸데없는 불안 때문에 다시 혼자가 되었다. 나는 지금까지도 그 두려움을 다시 느끼고 싶지 않고, 그렇기에 평생 혼자가 되는 길을 택했다.

"아, 응애. 나 어른 안 할래, 걍 배 째."
#경계성 지능 장애

내가 느끼는 감정 중에 가장 예민한 감정은 불안이다. 나는 불안을 배로 느끼는 병이 있다. 이게 뭔 말이냐고? 예를 들면, 계란프라이를 하다가 계란이 살짝 탔다고 치자.

   계란이 탔네, 맛이 써질 거야.

→ 여기서 더 타버리겠지?

→ 이걸 먹으면 암에 걸릴 거야.

→ 그 전에 불을 못 꺼서 가스레인지의 불이 새까맣게 탄 계란을 덮쳐버리면 집이 홀랑 타겠지?

→ 집이 홀랑 타면 나는 죽으면 상관없지만 남아 있는 가족들이 불이 난 걸 배상해야 할 거야.

→ 그 비용은 어마어마하겠지?

→ 만약 윗집, 아랫집에도 불길이 덮치면 어떡하지?

→ 감당할 수 없는 피해 보상금을 가족들에게 떠넘기게 될 거야.

→ 결국 난 부모님께 효도를 하기는커녕 죄만 잔뜩 짓고 떠나는구나….

이런 식으로 불안한 요소가 하나 생기면 그 불안이 꼬리의 꼬리를 물고 점점 커져 결국 내가 감당할 수 없는 수준으로까지 커진다. 결국 최악의 결론이 도출되고 이 결론을 상상하면서 나의 불안정함은 정점을 찍는다. 그러다가 살짝 희망적인 부분이라도 생기면 그 희망적인 부분이 비록 정확하지 않더라도 나 자신을 안심시키기 위해 스스로에게 세뇌를 시킨다. 그게 진짜 희망이든, 가짜 희망이든.

어렸을 때부터 나는 늘 불안해 했다. 아마 이 정신병은 학창 시절부터 내 내면 어딘가에 단단하게 자리를 잡은 것 같다. 원인은 모른다. 늘 친구들의 말 한마디에 불안에 휩싸이고, 친구들의 행동 하나에 온 신경을 곤두세

우며 긴장했다.

그래서 학교에서의 하루하루는 정말 지옥이었다. 친구들 눈치를 보며 지냈던 시간밖에는 기억에 남아 있지 않는다. 이런 학창 시절 때문인지 내 머릿속에서 불안이라는 감정을 조절할 수 있는 스위치가 망가져버린 것은 아닌가 싶다. 성인이 된 지금은 불안한 감정이 생기면 정말 사람 자체가 망가져버린다. 하나의 일에 집중하지 못하고 계속 그 불안한 일에만 신경 쓴다. 걱정하고 근심해봤자 현실은 달라지지 않는 걸 알면서도, 걱정하고 또 근심하며 그 불안한 마음을 멋대로 키운다.

이 이야기를 하는 이유? 나와 같은 사람들이 몇몇 존재하기 때문에. 가끔 내게 오는 편지들 중에 나와 같은 증상으로 많이 괴로워하는 친구들이 있더라. 이런 불안한 내 모습을 보고 '바보 같아'라고 생각하는 사람도 있겠지만 '나도 이런데!' 하며 공감하는 친구가 한 명쯤은 있을 것이라고 생각한다. 그 친구들에게 전하고 싶다.

불안이라는 감정에 져서 너희의 숨겨진 빛을 잃어버리지 마. 과거의 내가 했던 어리석은 행동들을 너희는 절대 하지 않기를.

　그래서 지금 이 글을 쓰는 중에도 나는 불안하다. 이 글을 보고 있는 그대는 나를 어떻게 생각할까? 나를 좋아하는 류씨집안 아가일까? 아니면 나를 혐오하는 아가일까? 나를 좋아하지도, 싫어하지도 않는 아가일까? 나를 아예 모르는 사람일 수도 있을 것이다. 이 책을 보고 그대는 어떤 생각을 할까? 내가 바보 같다고 생각했을까? 나를 다시 보게 되었을까? 생각했던 것보다 어두운 사람이라고 생각했을까? 사실 이 글을 쓰고 있는 지금도 무섭다. 그대들이 나를 어떻게 생각할지 두렵다.

　열 사람이 이 책을 읽는다면 그중 한 사람이라도 나를 좋아해 주는 사람이 있지 않을까 하는 희망을 가져 본다. 하지만 그 사람조차 이 책을 읽고는 나를 외면하면 어쩌나 싶은 두려움과 불안감이 이 글을 쓰는 와중에도 나의 뇌를 지배한다.

하지만 이게 진짜 나다. 난 지금까지 이렇게 살아왔다. 그래서 늘 사람들은 나를 '경계성 지능 장애'라고 의심한다. 나의 틱톡 영상 댓글창에는 이런 의심 글이 가득하다. 이 책을 읽는 사람들도 나를 경계성 지능 장애라고 생각할 수 있다. 제대로 된 검사를 받아 보지 않아서 모르겠지만, 정말로 경계성 지능 장애일 수 있다. 하지만 나의 이런 모습까지도 좋아해 줄 사람이 이 세상에 한 사람쯤은 있지 않을까 하는 작은 희망으로 이 책을 쓰게 되었다.

나도 내가 언제 죽을지 모른다. 남들에겐 스물다섯 살이 되면 이 세상에 존재하지 않을 거라고 당당하게 말했지만 막상 스물다섯 살이 되어도 버젓이 살아 있을 수도 있다. 물론 그 전에 사고로 여러분보다 먼저 세상을 떠날 수도 있는 거고. 그러니 내가 어떻게 되어버리기 전에 나의 다양한 모습을 세상 사람들에게 알려주고 싶다. 물론 나의 틱톡 영상들을 보며 그 너머에 존재했던 나의 어두운 면들을 간파했던 사람들은 이미 오래전부터 내게 늘 조용히 응원의 디엠들을 보내줬다. 하지만 만약 나의 이런 모습들을 전혀 몰랐던 사람들이라면 이 책을 읽고 꽤 놀랄 것이라는 생각도 든다.

나도 내가 부족한 사람이라는 것을 잘 알고 있다. 많이 멍청하다. 지식이 없다. 행동이 부주의하며 사회성이 없다. 게으르다. 그래서 사람들은 내게 묻는다.

"어른이 그래도 돼요?"

틱톡에서 나를 본 어린 시청자들이 실제로 물어보는 질문이다. 그러면 나는 늘 똑같이 대답한다.

"나도 어른이 되고 싶지 않았어요."

모두 나에게 어리석다고 한다.

"누구나 어른이 되고 싶어서 어른이 되는 건 아니야. 소희, 너도 원해서 된 어른은 아니겠지만 어른의 나이가 되었다면 자기 행동에 책임을 갖고 어른스럽게 변해야 해."

우리 부모님이 하신 말씀이다. 어른이 되고 싶지 않았다. 회피하고 싶었다. 도망치고 싶었다. 내가 머릿속에 든 게 없는 바보일지라도 사회적으로 물의만 일으키지 않으면 상관이 없을 것이라고 생각했다. 그리고 내가 정말로 경계성 지능 장애를 갖고 있다고 해도 그건 나의 장애이니 굳이 사람들이 신경 쓸 필요가 없다고 생각했다.

그래서 라이브 방송을 할 때 시청자들에게 물었다.

"내가 진짜 경계성 지능 장애라고 하면 어떻게 할 건데요? 그게 사실이라고 해도 당신들은 상관없는 거 아닌가요?"

그러자 사람들은 대답했다.

"그걸 묻는 것부터가 이미 경계성 지능 장애임."

말문이 막혔다.

지금도, 아직도 묻고 싶다. 그래서, 그래서, 내가 경계성지능 장애가 맞다면 어떻게 할 건데? 치료비를 줄 건가? 치료를 받을 수 있게 도움을 줄 건가? 대체 뭐지? 사람들은 내가 경계성 지능 장애인 게 대체 왜 궁금한 걸까? 진심으로 묻고 싶다.

이런 나의 회피적인 성향이 어른스럽지 않다는 것을 잘 알고 있다. 나도 언젠가는 바뀌어야 한다고 생각은 한다. 하지만…

아. 모르겠다.
또 머리가 아파 온다.
이럴 때마다 숨고 싶다.
어디로든 숨어버리고 싶다.

하지만 막상 숨어버리면 무섭다.

모두가 나를 잊어버릴까 봐 무섭다.

모두에게 잊히고 싶지만 막상 잊히면 혼자가 될까 봐 무섭다. 늘 이런 식으로 한 입으로 두말을 해버린다. 어쩌면 나, 진짜 경계성 지능 장애일지도?

"사실 이 사건 뉴스에 제보할 걸 후회 중."
#묻지마 폭행

벌써 20대 중반을 향해 가고 있는 현재의 나는 방구석 폐인이다. 요즘 애들(?) 말로 '히키코모리'다. 나라고 처음부터 방구석에만 콕 박혀서 나오지 않는 외톨이가 되고 싶은 것은 아니었다. 고등학생 때까지만 해도 내가 좋아하는 애니메이션 행사에도 많이 다니고, 새로운 친구를 사귀는 것도 엄청 좋아했다. 누군가와 함께 무언가를 하는 것을 마냥 즐거워 했던 혈기 왕성한 아이였다. 그랬던 내 인생은 스무 살부터 점점 꼬이기 시작했다.

내가 스무 살이 된 해 우리 집은 이사를 하게 되었다. 동네는 그대로였지만 살던 집은 바뀌었다. 대학교도 입학했겠다, 새로운 집에서 새로운 학교로 등교하는 길은 정말 설렜다. 그런데 이사를 한 바로 그날부터 뭔가 안 좋은 일이 벌어졌다. 이사를 한 당일, 수많은 짐으로 어수선한 새집에서는 밥을 먹을 수가 없어서 우리 가족은 밖에 나가 외식을 하고 집으로 돌아가는 길이었다. 새로운 집의 엘리베이터를 타고 올라가자 우리 집 현관문 앞에 어떤 아주머니가 씩씩거리며 서 계셨다.

"누구세요?"

아빠가 그 아주머니에게 물었다. 그러자 그 아주머니는 이렇게 대답했다.

"저 밑집인데요, 이사를 온 건 알겠는데 이사 온 첫날부터 이렇게 시끄러우면 어쩌자는 거예요? 지금 장난해요?"

그 아줌마는 잔뜩 화나 있었다. 하지만 우리들도 황당하긴 마찬가지였다. 당시 우리 가족은 다 같이 밥을 먹으러 밖에 나갔던 상태였고, 그때 집 안에는 생명체라고는 반려 고양이 코코밖에 없었다. 그런데 코코도 워낙 순한 아이라서 낯선 새 환경에 놀라 내 침대 밑에 콕 박혀서 나오지 않던 상황이었다. 아빠는 무척 당황스러운 표정을 지으셨지만 천천히 그 아주머니에게 자초지종을 말씀드렸다.

"지금 보시다시피 저희 가족은 외식을 하고 지금 막 돌아오는 길이었습니다. 집에는 고양이 한 마리밖에 없었고요. 그 친구도 새로운 환경이 낯설어서 지금도 어딘가에 숨어서 안 움직일 텐데요. 지금 집 안에 사람은 아무도 없어요."

하지만 그 아주머니는 분이 풀리지 않았는지 계속 씩씩거리면서 "거짓말하지 마요! 그럼 내가 환청을 들었다는 거야? 당장 문 열어봐요!"라고 소리를 질렀다. 엄청 화를 내셨고 우리 가족은 무서울 게 없었으니 문을 열고 직접 확인시켜 드렸다.

"봐요, 아무도 없잖아요?"

아빠는 다시 침착하게 그 아주머니에게 말했고, 아주머니는 "그럼 고양이가 뛰어다녔나 보지! 고양이 어딨어!"라고 말하며 아직 이삿짐이 다 정리도 되지 않은 우리 집 안을 휘젓고 다녔다. 아주머니가 억지를 부리며 난리를 치자 결국 우리 엄마는 경찰을 불렀고, 경찰이 도착하고 나서야 어찌저찌 상황이 마무리되는 것 같았다.

하지만 그게 끝이 아니었다. 다음날, 아랫집 아주머니는 또 우리 집에 찾아왔다. 어제처럼 우리가 또 시끄러웠다는 것이었다. 당시 집에는 나 혼자뿐이었다. 늦은 저녁이었지만 부모님은 맞벌이라서 일하러 가신 상태였고 두 분 모두 일이 끝나는 시간이 일정하지 않으셨는데 하필 그날이 늦게 끝나는 날이었다. 나보다 1분 일찍 태어난 쌍둥이 오빠는 친구들과 놀러 나가 있었고, 나는 혼자 종일 방 침대 위에 누워 뒹굴뒹굴하며 게으른 하루를 보내던 날이었다. 그 늦은 시간 샤워를 마치고 나와서 머리를 말리고 있었는데 누군가가 문을 쾅쾅 치며 "야! 나와!"라며 소리를 치고 있었다. 그 소리는 윗집, 앞집까지 퍼졌고 점점 소란이 되어 아파트 주민들이 우리 집 앞에 모이게 되었다.

나는 너무 무서워서 문을 열지도 못하고 엄마에게 전화를 걸었다. 다행히 엄마와 아빠는 곧바로 집으로 달려와 주셨다. 아빠가 무슨 일이냐며 아랫집 아주머니를 진정시키려 했고, 아주머니는 이번에도 또 층간소음 때문에 도저히 참을 수 없어서 올라왔다며 언성을 높였다.

"이 집에서 대체 뭘 하는지 모르겠는데 자꾸 쿵쿵대서 미치겠어요! 범인은 너잖아! 네가 그런 거 맞잖아!"

아주머니는 이렇게 고성을 지르며 나를 때리려고 했다. 나는 폭행을 당하진 않았지만 내게 손찌검하려고 손을 올린 아주머니를 본 우리 부모님은 단단히 화가 나서 결국 참지 못하시고 서로 안 좋은 말들이 오가는 상황이 되고 말았다. 그 와중에 아랫집 아주머니의 가족으로 보이는 남편, 아들, 딸까지 전부 우리 층에 모이게 되면서 일은 점점 커져만 갔다. 이날도 결국 또 경찰이 와서 사건이 일단락되는 것 같았는데… 진짜 '사건'은 하루가 지나고 일어났다.

다음날, 우리 가족은 외식을 마치고 집으로 돌아가는 길이었다. 부모님은 뒤에서 대화를 나누고 계셨고 나는 혼자 앞에서 뚜벅뚜벅 걸어가고 있었다. (오빠는 여자친구랑 놀러 가서 우리 셋뿐이었다.) 새로 이사를 간 집 앞에는 벤치가 있는데 평소엔 아무도 앉지 않던 벤치에 웬일로 누군가가 앉아 있었다. 밤이 어두워 잘 보이지 않기도 했고, 그냥 바람 쐬려고 나와 있는 사람이겠거니 하고 집을 향해 걸어가고 있었다. 그런데 갑자기 그 사람이 벌떡 일어나더니 나를 향해 뚜벅뚜벅 걸어왔다. 살짝 불안하긴 했지만 나는 그냥 기분 탓이겠지 하고 무시했고 그 사람은 점점 나와 가까워졌다.

정체 불명의 사람이 내게 다가오는 게 맞다는 확신이 드는 순간, 그 사람의 주먹이 내 가슴을 향했다. 그리고 나는 그대로 주먹에 맞았다. 내 뒤를 따라오시던 부모님은 부리나케 달려왔고 나는 멍한 표정으로 바닥에 엎어져 버렸다. 나를 다시 때리려는 손을 아빠가 막아 주었고, 멍해 있던 내 머릿속이 순간 '분노'로 가득 차 이제는 상대를 때리려는 나의 손을 엄마가 막아 주었다.

엄마가 날 때린 사람의 얼굴을 보더니 "너 아랫집 여자 딸 아니야?"라고 소리쳤다. 날 때린 여자는 알고 보니 아랫집 아주머니의 딸이었던 것이다. 정체가 들켜서 겁이 났던 것인진 모르겠지만 엄마의 말을 들은 그 여자는 아파트 안으로 도망갔다. (여기서 더 웃긴 건 나는 이 글을 쓰는 지금까지도 그 여자의 얼굴을 모른다는 사실이다. 그 사람의 '묻지마 폭행'이 아니었다면 일면식조차 없을 사람이었다.)

그렇게 그 여자는 엘리베이터를 타고 올라가 버렸고, 한바탕 실랑이 후 긴장이 풀린 나는 계속 그 상태로 아파트 앞에서 주저앉아 울었다. 부모님은 경찰과 구급차를 부르고 우는 나를 달래 줬다. 나는 구급차에 실려 병원에 갔고, 아빠는 현장에 남아서 경찰에게 상황을 설명한 뒤 아랫집 아주머니 집에 찾아가 당신 딸이 내 딸에게 무슨 짓을 했는지 따져 물었다. 경찰도 옆에서 함께 사건을 조사했다. 사실 나는 아랫집 딸이라고 하는 그 여자의 얼굴조차 모른다. 마주친 적도 없다. 폭행을 당했을 때도 늦은 밤이라서 얼굴은 보이지 않았고, 이후에도 어른들이 전부 일을 처리했기 때문에 나는 가해자들을 만날 기회가 없었다.

그 여자는 대체 나를 왜 때렸을까? 나중에 그 여자(아랫집 아주머니의 딸)의 진술을 들어 보니, 실은 원래 자신이 노렸던 사람은 내가 아닌 우리 엄마였지만 밖이 너무 어두워서 착각을 했다고 한다. 전날 아파트에서 소란이 벌어졌을 때, 내게 손찌검을 하려던 아랫집 아주머니를 보고 격분한 우리 엄마가 아주머니의 손을 막아 아랫집 아주머니에게 맞을 뻔한 나를 방어해 주셨고, 그 사이에 오고간 엄마와 아주머니의 대화들은 좋지 못했다. 그리고 이 범행을 계획한 아랫집 딸은 그것이 기분이 나빠 우리 엄마를 노렸던 것이라고 했다. 우리 엄마가 저녁 늦게 일이 끝나는 걸 아니까 퇴근 시간에 맞춰 집 앞 벤치에서 기다리고 있었다고. 그런데 하필 어두운 밤이었던지라 나와 우리 엄마의 실루엣을 헷갈려서 엄마가 아닌 나를 때려버린 것이었다. <u>(당시 나는 다이어트에 성공해서 엄청난 저체중이었는데, 체격이 유독 작은 우리 엄마와 비슷했다.)</u>

그래도 난 차라리 다행이라고 생각한다. 엄마가 맞을 바에는 차라리 내가 맞는 게 더 나으니까. 이 생각은 지금도 변함이 없다. 당시 그 여자에게 폭행을 당해 전치 6주 진단이 나왔는데, 만약 엄마가 폭행을 당했다면 어떤 진단이 나왔을까? 지금 생각해도 끔찍하다.

하지만 이날 이후 나의 인생에는 큰 변화가 생긴다. 전치 6주 진단을 받은 나는, 다른 친구들처럼 학교에 가야 할 시간에 줄곧 병원에서 온라인 수업을 들으며 생활

해야만 했다. 병원은 경기도에 있었는데 워낙 외진 곳에 있어서 입원 환자도 얼마 없었다. 내가 입원한 병동에는 네 개의 침대가 놓여 있는 자그마한 병동이었는데 그 공간을 나 혼자 다 쓰는 것이 살짝 무서울 정도로 휑했다. 게다가 즐겁게 대학 생활을 하는 동기들의 모습을 텅 빈 병실에서 인스타그램 스토리로 보면서 혼자 회의감도 느꼈다.

병원에 입원한 6주 동안 똑같은 패턴의 연속이었다. 아침에는 언제나 물리치료를 받았고 식사 후 오후가 되면 또 다른 물리치료를 받은 뒤 다시 저녁밥을 먹고 잠에 들었다. 지겨운 반복이었다. 이런 일상이 이어지자 내 멘탈은 점차 피폐해졌다. 그즈음 입원 동기가 생겼다. 입원 동기는 나이가 진득하신 할머니였다. 그 할머니는 "얼른 죽고 싶다"라는 말을 늘 버릇처럼 하셨다. 저녁에는 흐느끼시며 잠꼬대까지 하셨는데 그 소리를 들으니 정말 나도 미친 사람이 될 것만 같았다. 결국 나는 유일한 병원 동료인 할머니의 울음소리를 도저히 더는 들을 수 없어서 병실을 뛰쳐나갔다.

    한 달 반 정도 그 시골 병원에서 생활했던 것 같다. 퇴원 후에는 일상으로 돌아가려 했지만 모든 게 쉽지 않았다. 학교도 제대로 다닐 수 없었다. 피해자 신분으로 법원에 서류를 제출하러 수시로 가야 했고, 병원에는 진료가 끝나는 시간인 저녁 6시 전에 도착해야 해서 매일 오후 3시쯤 학교를 조퇴했다. 도저히 제대로 된 대학교 생활을 할 수 없었다. 정부에서 지원하는 범죄 피해자 지원 제도(심리상담)도 크게 도움이 되지 않았다. 정신은 더 쇠약해졌다. 이러한 생활들로 스트레스는 최정점을 찍었다. 그렇게 점점 세상과 멀어지며 사람 자체가 지긋지긋해질 즈음, 결국 대학교 생활을 더 버티지 못하고 휴학을 하게 되면서 사회와 나는 완전히 단절되었다.

"후회해도 소용없는 내 다리."
#코끼리 다리

엄마는 늘 이렇게 말씀하셨다.

"건강한 사람이 되고 싶다면 늘 움직여라. 집에 가만히 처박혀서 쾌락에만 미쳐 산다면 그 끝은 나락이다."

나는 엄마의 이 말을 늘 곱씹으며 집에 혼자 있을 때도 절대 우울하게 있으려고 하지 않았다. 내 나름대로 열심히 노력했다. 당시 나는 하루에만 네 개의 아르바이트를 했다.

09:00 ~ 11:00 카페 알바
11:30 ~ 18:00 미용실 보조 알바

18:30 ~ 21:30 샐러드 가게 알바

22:30 ~ 02:00 편의점 야간 알바

그리고 조금 자투리 시간이 남으면 일본어 과외 자리를 구해서 틈틈이 돈을 벌었다. 이 시간표가 어떻게 가능했냐고 묻는다면. 첫째, 전부 우리 집 근처 알바였다. 둘째, 일본어 과외 알바도 우리 집 근처 카페로 학생들을 불러서 진행했다. 셋째, 알바 장소들도 전부 가까운 곳에 붙어 있었다. (위치한 상가만 달랐다. 걸어서 10분 정도 거리?)

그래서 전혀 힘들지 않았다. 우리 집 주변에 있는 가게 중 내가 알바를 안 해 본 가게가 없었을 정도로 정말 다양한 종류의 알바를 했고 이런 빡센 스케줄의 알바를 6개월 이상 지속했다. 나중엔 정신이 조금 해이해져서(?) 미용실 알바와 샐러드 가게 알바 그리고 일본어 과외 알바만 했는데 이 스케줄도 1년 이상 유지하고 그만뒀다.

주말에도 쉬지 않고 계속 같은 스케줄로 일만 하다

보니 돈은 쓸 날이 없어서 계속 쌓여만 갔다. 그렇게 육체적으로 거의 한계에 도달했을 때쯤 내게 불청객이 찾아왔다. 몸에 슬슬 이상 신호들이 나타나기 시작한 것이다. 증상들은 이랬다.

- 숨쉬기가 가빠졌다.
- 잠을 잘 때 코골이가 생겼다.
- 오른쪽 다리가 코끼리 다리처럼 붓기 시작했다.

숨쉬기가 가빠진 것은 처음에는 기분 때문이라고 생각했다. 잠을 잘 때 코골이가 생긴 것도 가끔 많이 피곤하면 코를 골았기에 괜찮겠거니 하고 넘어갔다. 그런데 오른쪽 다리가 코끼리처럼 붓기 시작했을 때부터 이상함을 느꼈다. 그때도 그냥 별일 아니라고 생각하고 넘어갔지만 퉁퉁 부은 내 다리를 발견한 엄마가 바로 병원에 안 가고 뭐 했느냐며 나를 엄청나게 꾸짖으셨다. 그 순간 내 몸에 일어난 변화들이 무척 심각하다는 것을 깨달았다. 이때부터 증상의 원인을 알아내려고 반강제로 가족들 손에 이끌려 대학병원 몇 곳을 바쁘게 돌아다녔다. 그렇게 속속 원인들이 드러났다.

심장

심장에 물이 차 있다고 했다. 그래서 숨쉬기가 많이 힘들었을 거라고 했다. 조금만 뛰어도 숨이 가빠오고 가슴이 답답했던 게 기분 탓이 아닌 심장에 물이 차 있어서 그랬다고.

급성심부전증

심부전증 진단을 받았다. 내 오른쪽 다리가 코끼리 다리가 된 직접적인 원인이라고.

종양

목 부위에 종양이 생겼다고 했다. 그 종양의 크기가 점점 커지면서 내 기도를 방해하고 있었고 그로 인해 코골이가 생겼다고.

갑자기 풀어야 할 숙제들이 잔뜩 생긴 스물한 살이었다. 이날 이후 1년 동안 이 병들과 싸웠다. 부모님은 내 몸에 갑작스럽게 변화가 온 것에 대해 큰 충격을 받으셨다. 매일매일 아픈 나 때문에 밤마다 우시며 기도하는 엄마를 보면 늘 죄송했다.

이비인후과의 어느 교수님은 종양부터 얼른 수술을 해야 한다고 했다. 위치가 좋지 않고 크기가 육안으로 보일 정도로 정말 컸기 때문이다. 그냥 방치했다간 자다가 종양 때문에 질식사를 당할 위험도 있어서 당장 수술을 진행해야 한다고 경고하셨다. 실제로 자다가 기도가 몇 번 막혀서 새벽에 자꾸 중간에 깨기도 했기에, 나도 얼른 수술을 해서 마음 편하게 잠을 청하고 싶었다.

결국 수술 날이 잡혔다. 수술은 거의 3시간 동안 진행되었다. 종양은 양성이 아니었기 때문에 크게 걱정할 필요는 없었지만, 종양 크기가 8~11cm로 엄청나게 컸고 아주 위험한 위치에 있어서 자칫하다간 밖으로까지 살을 잘라서 종양을 제거해야만 하는 상황이었다. 다행히 수술은 잘 끝났다. 나를 담당한 의사 선생님은 이렇게 말씀하셨다.

"네가 아직 어려서 겉모습이 많이 신경 쓰일 텐데 목 바깥으로 큰 흉터가 생기면 속상해할 것 같아서 시간은 좀 걸리더라도 최선을 다해서 안쪽으로 제거했어."

나는 창피하게도 감사한 마음에 펑펑 울어버렸다. 만약 내가 의사였다면 뒤에 수없이 밀려 있는 수술들 때문에 최대한 빠르게 수술을 마치려고 했을 텐데. 하지만 담당 교수님은 1시간이면 끝낼 수 있는 수술을 조금도 흉터를 남기지 않으려고 거의 3시간이나 걸려 깔끔하게 끝내주셨다. (물론 입 안쪽으로 종양을 제거했기에 입안에는 흉터가 남아 있을 것이다.) 아직까지도 그 교수님께 감사하다. 나의 또 다른 은인이라고 해도 무방할 정도로 말이다.

이제 남은 건 심부전, 즉 심장 쪽의 병. 줄곧 심장내과

교수님이 처방해 주신 약을 먹어 심장에 차 있던 물은 어느 정도 빠졌지만 다리의 붓기는 그대로였다. 그래서 심장 쪽의 문제가 어느 정도 호전된 이후, 내 오른쪽 다리가 코끼리 다리처럼 붓는 다른 원인을 찾기 위해 우리나라 대학병원의 과란 과는 전부 돌아다니며 검사하고 또 검사했다. 내가 느끼는 정확한 증상은 이랬다. 일단 다리가 전체적으로 부었고 조금만 걸어도 다리가 저려 왔다. 그러다 다리 감각이 사라져 마비가 되는 느낌을 받는다. 마치 하지정맥류처럼. 그리고 유독 오른쪽 다리가 더 크게 붓는다.

하지만 어떤 과를 돌아다녀도 이에 대한 뾰족한 원인을 찾을 수 없었다. 바로 그때, 엄마 가게에 오는 손님 중에 나와 같은 증상을 겪은 중학생 딸을 둔 분이 계셨는데 그 손님이 엄마에게 산부인과에 가보라고 추천해 주셨다. 어차피 이제 더 이상 갈 수 있는 과도 없는데 '마지막으로 한 번만 더 가보자'는 생각으로 산부인과를 찾아갔다. (산부인과를 추천해 주신 엄마 가게 손님이 병원까지 같이 소개를 해

줘서 그 병원으로 갔다.)

역시나 각종 검사를 진행했고, 놀랍게도 의심되는 병명이 나왔다. 외울 수도 없을 정도로 엄청 긴 영어 이름이라서 정확한 병명은 기억이 나지 않지만 어쨌든 추정되는 원인을 찾았다는 것만으로도 희망이 보였다. 산부인과에서 처방해 준 약을 먹고 코끼리 다리였던 오른쪽 다리는 점점 다시 원래 얇았던 발목으로 돌아왔다. (하지만 1년이 채 되지 않은 지금 또다시 다리가 붓기 시작했다.)

의심되는 병명을 찾은 지 2년이 지난 지금, 꾸준히 약을 복용하며 병원에 다니고 있다. 병원에서 찾은 원인은 추정일 뿐, 여전히 정확한 병명과 이유를 찾지 못했다. 한 가지 정확한 것은 '호르몬'이 이 병의 원인 중 하나라는 사실이다. 내 몸에 여성 호르몬이 없다고 한다. 보통 여자들이 자신의 호르몬 중에서 여성 호르몬을 10%를 가지고 있다고 한다면, 나는 그 수치가 0.1%였던 것이다. 원래 중학생 때부터 생리가 약간 불순하긴 했다. 중학교에 다닐 때 어떤 남자애한테 배를 세게 주먹으로 한 대 맞고는 그 이후로 생리가 아예 끊겼다.

그때 바로 병원에 갔어야 했을까? 이미 후회해도 소용없다. 그저 앞으로의 치료에 전념하는 것 말고는 방법이 없을 테니까.

비밀 두 알,

일본어

"그냥 놀이라고 해 두자,
일본어 놀이."

'한국' 하면 이런 단어들이 떠오른다.

성숙, 아름다움, 미인, 현실…

'일본' 하면 이런 단어들이 떠오른다.

유치, 귀여움, 만화, 판타지…

이래서 내가 일본을 좋아하는 게 아닐까?
마치 일본이라는 꿈과 환상에 취해
현실을 도피하고 싶은 나의 마음일지도 모른다.

그래서 일본어 공부를 시작했다.
사실 공부라고 할 수도 없다.
그냥 놀이라고 해 두자, 일본어 놀이.

일본이라는 꿈과 환상의 세계에 살기 위해선
그 세계의 언어 정도는 기본적으로 알아야 했으니까.

그런데 일본어가 낯설었던 그때나
일본어를 잘하게 된 지금이나 사실 크게 다르진 않다.

막상 지금 일본어를 어느 정도 구사할 수 있는 나는
일본도 그저 한국과 다를 것 없는
'사람 사는 곳'이라는 생각밖에 안 들긴 하지만.

"류라이 = 덕후."
#오타쿠

친구에 대한 추억에 우울과 불행만 있었던 것 같지만, 사실 좋은 추억도 많이 있다. 류라이 하면 생각나는 많은 단어들 중 '일본어'가 있을 것 같다. 나는 일본어를 잘하진 못한다. 그냥 회화가 가능한 정도? 그리고 일본어로 영상을 만들고 있고, 일본어로 된 노래를 무척 좋아한다. 내가 일본어와 친해지게 된 계기는 어느 친구 때문이었다. 중학교에 입학하고 얼마 되지 않았을 때다. 전교 1등 친구가 있었다. 그 친구는 모두에게 상냥했다. 나에게도 말이다.

친구가 없는 나를 모둠에 끼워주며 늘 챙겨 주었고, 숙제를 안 해 오거나 준비물을 안 가져와 곤란해하고 있을 때면 늘 자신의 것을 건네주며 도와주었다. 그런 때마다 그 친구와 더 가까워지고 싶다고 계속 생각했다. 그 친구가 좋아하는 것이 무엇인지, 어떤 취미를 갖고 있는지, 학교 끝나면 무엇을 하는지 등등 전교 1등 친구 뒤를 졸졸 따라다녔다. 그 친구와 똑같이 보고, 똑같이 듣고, 똑같이 관심을 가져 조금이라도 더 많은 공감대를 형성하려고 노력했다. 한마디라도 더 대화를 나누고 싶었다.

그런데 그 친구는 공부도 참 잘했지만 살짝 '오타쿠' 성향이 있었다. 아니, 그냥 오타쿠였다. 미국과 일본에서 만들어진 다양한 문화 콘텐츠들을 정말 좋아했다. (공부를 잘해서 그런 건지는 모르겠지만 유독 머리 쓰며 봐야 하는 드라마나 영화, 만화를 좋아했다. 예를 들면 <셜록 홈즈> 같은.) 그중에는 물론 일본 애니메이션들도 많이 있었는데, 마침 <명탐정 코난>이라는 애니를 나도 흥미를 갖고 보던 때라 그 친구와 <명탐정 코난>에 대해 밤새 수다를 떨며 더욱 빠져들게 되었다. 아마 나도 그때부터 이른바 오타쿠가 되었던 것 같다.

처음엔 애니메이션에 등장하는 가상의 캐릭터에 빠지게 되었고, 갈수록 그 캐릭터를 목소리만으로 연기하는 성우라는 직업에 빠져들게 되었다. 특히 한국의 성우들을 좋아했는데, 나중에는 어느새 일본의 성우들에게까지 빠져서 성우들이 참여하는 행사의 장소들까지 막 찾아보며 '아, 일본에는 이런 곳이 있구나', '와! 일본에는 이런 문화가 있네? 나도 해 보고 싶다' 같은 마음을 품게 되었다. 이렇게 점점 일본에 대한 관심이 커지기 시작했고, 어느 순간부터 애니메이션을 넘어 일본이라는 나라의 문화 자체에 관심을 갖게 됐다.

20대 중반을 살고 있는 지금의 나는 이제 애니에는 별로 관심이 없다. 요즘은 그냥 제이팝이나 가끔 '일드'를 한 편씩 챙겨보는 수준이다. 이제는 정말 일본 문화 그 자체를 좋아하게 되었는데 그러다 보니 자연스럽게 일본어에 귀가 트이게 되었고, 어느 순간부터는 다양한 언어교환 어플들을 사용하며 한국인 친구보다 일본인 친구들을 더 많이 사귀었다. 심지어 일본에 가서 그 친구들과 놀기도 했고.

그러다 보니 일본어 실력이 자연스럽게 늘게 되었다. 다들 나에게 "일본어 어떻게 공부했어요?"라고 물으면 난 늘 이렇게 대답한다.

"공부한 적 없어요. 전 공부로 하면 뭐든 못해요. 즐기세요. 그러다 보면 어느새 일본어로 랩도 하실 수 있을 겁니다."

이런 말을 하면 다들 나더러 거짓말이라고 말하지만 진짜인 걸 어쩌란 말인가. 나 진짜 일본어 공부한 적 없는데. 어쩌다가 오타쿠 친구를 만나, 일본 애니메이션에 빠지게 되어서, 그러다 일본어를 좋아하게 되었고, 일본인 친구들과 듣고 말하며 수다를 떨었을 뿐.

내가 자격증까지 딴 '언어 능력자'라고? 다들 그렇게 생각하겠지만. 아니, 난 그냥 오타쿠다. ⁽이런 나를 보고 틱톡에는 "오타쿠세요?"라고 나를 놀리는 듯한 댓글이 달리곤 한다. 그럼 다른 친구들이 "일본 노래 부르면 다 오타쿠예요?"라며 대댓글로 나 변호해 주던데... 근데 나 오타쿠 맞아요. 미안...)

"입학 제1조건: 교복이 이쁠 것."

#일본어과

그렇게 오타쿠가 되어버린 채 중학교 졸업 시즌이 다가왔다. 어떤 고등학교를 갈지 정말 오래 고민했다. 내가 고등학교를 고른 기준은 이러했다.

- 교복에 리본이 있을 것.

(중학교 때 교복에 리본이 없던 게 너무 큰 한이었다.)

- 교복이 이뻐야 한다.

(지금 다시 봐도 그땐 교복이 제일 중요한 기준이었다.)

- 학교가 여고일 것.

(중학교 때 남자아이들에게 맞은 게 트라우마로 남아서 남자 공포증이 있었다.)

- 그리고 집에서 거리가 가까울 것.

이러한 조건들을 전부 충족시키려면 일단 일반고는 불가능했다. 그래서 내가 선택한 건 특성화고등학교. 중학교 3학년 때 정말 많은 특성화고등학교가 우리 학교에 입학 홍보를 왔다. 하지만 내 눈엔 전부 그저 그랬다. 나는 오직 교복의 디자인에만 가장 초점을 두고 평가했다. 중학교 생활은 힘들었지만 내가 진학할 고등학교를 상상하며 홍보를 오는 선배들의 교복을 감상하는 그 시간만큼은 정말 행복했다. 심지어 지겨운 수업 시간까지 때울 수 있어서 더 좋았다.

어느 고등학교의 교복을 골라야 할까 고민하던 중 눈에 들어오는 교복이 있었다. 그 고등학교의 이름을 편하게 A 고등학교라고 칭하겠다. A 고등학교에는 세 가지 과가 있었다. 모두 각 나라의 문화에 특화된 과였는데, 각각 미국, 중국, 일본의 문화를 전공하는 과였다.

'나라의 문화?'

단 한 번도 생각해 본 적 없는 주제였다. 생각만 해도 지루했다. 하지만 그 앞에 매력적인 단어가 붙어 있었으니 바로 '일본'이라는 단어였다. 당시에는 나는 내용과는 관계없이 일본이라는 단어만 들으면 환장을 할 정도로 미쳐 있었다. 홍보를 나온 선생님들, 그중에서도 특히 A 고등학교의 일본어 선생님과 자세한 상담을 하며 그 학교에 대해 점차 알아갔다.

하지만 한 가지 벽이 있었다. 바로 성적이었다. A 고등학교의 성적 기준은 꽤 높았다. 중학교 3학년 때 담임 선생님은 고등학교 진학 상담 때 내게 "이 성적으로는 그 학교 못 갈 것 같은데?"라고 말씀하셨다. 공부? 솔직히 말하면 정말 못했다. 늘 하위권이었다. 180명 중에 늘 160등 언저리를 맴돌았다. 게다가 내가 가고 싶었던 A 고등학교 입학 성적 커트 라인은 내게는 '조금'이 아니라 '꽤 많이' 높았던 것 같다.

하지만 운이 좋았는지, 아니면 그때부터 저출산 문제

가 학교 입학생 숫자에도 영향을 미치기 시작했는지 A 고등학교의 지원 학생 숫자가 마침 미달이 났다. 그 덕분에 나는 낮은 성적으로도 여유롭게 그 학교에 입학할 수 있었다. 물론 단순히 '일본어를 배우고 싶다'라는 목적으로 그 학교를 지원한 건 아니었다. 'A 고등학교에 입학하면 언젠가는 일본에 가 볼 수 있지 않을까?' 하는 막연한 기대감이 더 컸다. 지금은 도쿄에만 스무 번 넘게 가서 질릴 대로 질린 일본이지만, 당시만 해도 죽기 전에 일본에 딱 한 번이라도 가보는 게 소원이었으니까.

그렇게 난 A 고등학교에 입학했다. A 고등학교는 여자고등학교였다. 여자뿐인 학교는 무섭지 않았다. 그저 '남자' 선생님들이 무서웠다. 다른 건 하나도 두렵지 않았다. 하지만 다행히 그 경계심도 금방 풀렸다. 나처럼 일본을 좋아하는 친구들과 함께 일본 문화에 대한 이야기를 마음껏 나누고, 또 다양한 활동들을 함께하며 나름대로 즐거운 오타쿠 생활을 이어나갔다.

"집에서도 일본 여행 쌉가능."

#언어 교환 어플

불행인지 다행인지 고등학교는 중학교보다는 덜 괴로웠다. 날 육체적으로 괴롭히는 사람들은 없었으니까. 정신적인 고통은 이미 겪을 만큼 겪어서 더 이상 무너질 것도 없는 '해탈'한 상태였기에, 이제는 남들이 나를 어떻게 보든 상관없었다. 그저 간절히 졸업할 날만 바라봤고, 하루가 빨리 지나가기만을 바라며 마음 한편으로는 일본 유학을 꿈꿨다.

일본 관련 학과이다 보니 기초적인 일본어 지식은 학교에서 충분히 습득할 수 있었다. 히라가나와 가타카나는 학교에서 뗐고 그 다음 진도는 전부 독학했다. 학교에서는 간단한 일본어 인사말을 비롯해 일본의 전통 의상이나 음식 등 문화와 관련된 내용만 가르쳐 줬다. 솔직히 말하면 외국어 학습과 관련해서는 학교의 도움을 받은 건 별로 없었다.

독학으로 일본어를 공부했음에도 일본어 실력이 빠르게 향상된 이유는 다른 데 있었다. 고등학교 1학년 때 어떤 게임을 친구에게 추천받았다. 그 게임은 그저 대화를 나누는 게임이었다. 누군가를 죽이고, 무언가를 점령하는 일반적인 게임이 아닌 그야말로 오직 사람과 사람 사이의 대화만을 위한 게임 말이다. VR로도 플레이를 할 수 있었는데, 마침 나와 내 친구가 VR게임센터에서 일을 하던 때라서 손님이 없을 때는 늘 VR 장비를 끼고 친구와 그 게임에 접속해서 함께 놀았다.

게임에 접속하면 일단 전 세계 사람들을 무작위로 만날 수 있었고, 원하면 그들과 대화도 나눌 수 있었다. 모두 자신의 실제 목소리로 참여하기 때문에 마치 외국인 친구와 통화를 하는 것 같은 기분이 들었다. (물론 채팅도 가능하다.) 처음에는 나도 다른 한국인 유저들과 마찬가지로 한국인들만 모여 있는 한국 서버에서만 놀았다. 이때만 해도 외국 서버가 존재하는지도 몰랐다.

게임 안에는 '포털'이라는 게 있는데 이 포털을 이용하면 다른 서버로도 이동이 가능하다. 마치 차원 간 이동을 하는 문이라고 생각하면 된다. 어느 날 평소와 다르지 않게 그 게임에 접속해 아무 생각 없이 친구들과 이야기를 나누던 중이었다. 갑자기 키보드가 고장이 난 것인지, 내가 조종하는 캐릭터가 멋대로 다른 사람이 열어 놓은 포털 쪽으로 걸어갔다. 아무리 키보드를 두들겨도 제대로 조작이 되지 않았고 결국 내 캐릭터는 그 포털에 들어가져버렸다. 알지도 못하는 새 서버에 나 혼자 입장이 되어버린 것이다.

포털 너머의 새 서버 안에선 죄다 모르는 외국어 소리만 들렸는데 그 외국어는 언뜻 들어 보니 일본어였다. 그때만 해도 일본어에 대한 지식이 하나도 없었기 때문

에 처음엔 그 사람들이 일본어로 이야기하고 있는지도 몰랐다. 아는 일본어라곤 "오하요(おはよう)", "스미마셍(すみません)" 같은 간단한 인사말뿐이었다. 괜히 누가 말을 걸까 봐 얼른 원래 있던 게임 서버로 다시 돌아가려고 애를 썼지만 게임을 시작한 지 몇 시간밖에 안 된 초보 유저인 나로서는 불가능했다.

'게임을 종료하고 다시 접속해야 하나?' 하고 생각하던 찰나 한 일본인이 나에게 말을 걸어왔다. 하지만 뭐라고 말하는지 전혀 알아 들을 수 없어서 짧은 영어로 일본인에게 대답했다.

류라이: I don't know you're language.
(난 당신의 언어를 몰라요.)

그 사람은 내가 외국인이라는 걸 눈치챘는지 영어로 천천히 말해줬다.

일본인: Where are you from?

(당신은 어느 나라 사람인가요?)

일본인이 나에게 질문했다. 그리고 이 정도 영어는 괜찮아서 이야기를 술술 풀어갔다.

류라이: 나는 한국인이에요. 우연히 이 서버에 접속하게 되었어요. 당신은 어느 나라 사람인가요?
일본인: 나는 일본인이에요. 한국인이라면 저 친구가 당신을 도와줄 수 있을 거예요.

그 일본인은 나를 다른 플레이어에게 데려갔고 그 플레이어는 20대 후반의 한국인 남성이었다.

한국인 남성: 어? 한국인이세요?

나는 거의 우는 목소리로 대답했다.

류라이: 네! 저 좀 도와주세요! ㅠㅠ 저 이 게임 오늘 처음 시작했는데.

그 한국인 플레이어에게 내 사정을 전달했고 다행히 그분은 나에게 친절히 게임 방법부터 이 서버는 어떤 서버인지 차근차근 알려 줬다. 그리고 나를 처음 안내해 준 그 일본인에게 통역까지 해 주었다. 그렇게 우리 셋은 친해졌다. 이 사람들이 나의 게임 속 첫 친구였다.

그후 친구들은 점점 늘었다. 처음엔 일본인 친구 위주로 늘기 시작했다. 그러면서 자연스럽게 일본어 지식과 일본 자체에 대한 지식도 점점 더 많이 알게 되었다. 이 한국인 플레이어를 이해하기 쉽게 Y 님이라고 부르겠다. Y 님과 함께하는 게임은 늘 즐거웠기에 나는 그분의 서버를 졸졸 따라다녔다.

이 서버는 거의 일본인들만 플레이를 하는 서버였기 때문에 나는 자연스럽게 일본인 친구들과 많이 사귀게 되었다. Y 님은 한국인이지만 일본에서 일을 한 지 오래되었고 현재 일본에서 거주 중이라고 했다. 늘 일이 끝나면 할 게 없어서 사람들과 대화하기 위해 이 게임을 시작했고 벌써 3년째 플레이 중이라고 했다. 그리고 Y 님의 주변 일본인 플레이어들도 모두 게임을 5년 이상 한 정말 '고인물'들뿐이었다. (그들이 지금까지 게임을 하고 있다면 아마 그 게임의 최고 썩은 고인물일 것 같다.)

그런 고인물들 사이에서 '쪼렙'이었던 내가 삐악거리며 등장했으니 그들 눈에 내가 얼마나 귀여워 보였을까? 일본 서버라서 온통 일본인뿐이었지만 대화를 나누는 데는 큰 어려움이 없었다. 처음엔 혼자서 영어로 말을 걸었고 그러다 막히면 옆에서 Y 님이 통역을 해 줬다. 그래서 오히려 모르는 사람들과 이야기를 나누는 게 너무 즐거웠다. 원래 게임 같은 것에 흥미가 없는 나였지만 어느 순간부터는 저녁만 되면 컴퓨터 앞에 앉는 게 일상이 되었다.

Y 님이 소개해 준 일본인 플레이어들도 모두 직장인들이었고, 그래서 주로 그들이 게임에 접속하는 시간은 늘 퇴근 후 식사를 마치고 잘 준비를 끝낸 밤 9~10시 이후였다. 학생인 나로서는 꽤 늦은 시간대였다. 늘 비슷한 사람들이 비슷한 시간대에 모였다. 어떤 사람은 술을 마시면서, 어떤 사람은 게임을 하면서, 어떤 사람은 영화를 보면서 자유롭게 대화를 나눴다. 혹은 끼리끼리 모여 함께 게임을 하거나 영화를 관람했다. 당시엔 그런 공간이 그저 신기했고, 너무 즐거웠다.

그 사람들과 하염없이 이야기를 나누다 보면 가끔은 학생이라 이해가 되지 않는 어른들의 이야기도 있었지만 그래도 상관없었다. 나는 늘 새로운 걸 알아갔고, 한국과 다른 일본의 문화를 들으며 일본에 대한 살아 있는 생생한 공부도 나름대로 할 수 있었다. 그리고 가장 좋았던 것은 역시 내가 좋아하는 일본어를 현실 속 실제 사람들에게 마음껏 사용할 수 있다는 것이었다.

나는 서툴고 어려워도 억지로라도 일본어를 계속해서 사용했다. 모르는 단어는 번역기를 돌려가며 찾은 뒤 무조건 한 번 이상 번역기의 발음을 귀로 듣고 그 발음을 잘 기억해서 내 입으로 직접 상대에게 말했다. 정말 열심히 대화를 했다. 귀찮다고 생각해 본 적이 단 한 번도 없었다. 그냥 전부 즐거웠다. 그러다 보니 일본어가 어느 순간 확 늘었던 것 같다.

물론 그 세계가 게임 속 세계이다 보니 현실에선 새로운 갈등이 생겼다. 바로 현실 속 부모님과의 갈등. 부모님에겐 그저 내가 컴퓨터 앞에 앉아 밤새 게임이나 하는 딸로 보였을 테니까. 그러다 결국 걱정했던 일이 터지고 만다.

"복잡한 생각 ㄴㄴ, 그냥 시작 ㄱㄱ."

#사이키 쿠스오의 재난

늦게까지 게임을 하는 딸을 보는 것도 속상한데, 새벽에 잠도 안 자고 큰 소리로 일본어로 떠들고 있으니 부모님이 그런 나를 좋게 보셨을 리 없다. 그땐 하필 컴퓨터가 내 방이 아닌 거실에 있어서 새벽에 컴퓨터를 하려면 거실까지 나가서 몰래 해야 했는데, 내가 하는 게임은 목소리를 사용해야만 즐길 수 있는 게임이라 늘 늦은 저녁까지 마이크 앞에서 속닥이면서 게임을 했다.

부모님 입장에선 일단 시끄럽기도 하고 밤늦게까지 게임을 하는 딸이 많이 걱정되었을 것 같다. 평소 컴퓨터를 쓰지도 않던 내가 갑자기 컴퓨터 앞에만 앉아 있게 되고, 밤 10시만 되면 '기절잠'을 잤던 애가 오히려 밤 10시땡 하면 거실에 나와서 게임을 하고 있으니 부모님과의 갈등이 커질 수밖에 없었다. 이 갈등을 줄이고자 나는 우선 컴퓨터를 내 방으로 들여야겠다는 목표를 세웠다. 그때부터 내 돈으로 직접 내 전용 컴퓨터를 사기 위해 여기저기 알바를 시작했다.

돈을 다 모은다고 해서 끝나는 문제가 아니었다. 오히려 이때부터가 진짜 시작이었다. 부모님 모두 내게 "네가 컴퓨터를 사서 방에 두면 너는 분명 새벽 내내 컴퓨터 게임만 할 텐데 절대 허락할 수 없다"라고 엄포를 놓으셨고, 그러면 내가 "이건 게임이 아니라 외국어 공부야! 내가 게임을 하겠다고 컴퓨터를 사겠다는 게 아니잖아. 공부를 하려고 내 방에 컴퓨터를 두겠다는 거니까 제발 이해해 주세요!"라고 응수했다. 힘겨운 시간 끝에 마침내 부모님을 설득했고, 무려 250만 원짜리 조립식 컴퓨터를 내 돈으로 직접 구입해 방 안에 설치했다. (그런데 하필 그때가 코로나 때라 그래픽카드가 제일 비싼 시즌이었다. 그래픽카드를 비싸게 구입한 게 좀 속상했지만 지금도 후회는 없다.)

아무튼 컴퓨터를 내 방에 들여놓고 나서 일본어 실력이 수직 상승했던 것 같다. 안 좋게 이야기하자면 종일 컴퓨터를 붙들고 살았다고 말할 수 있고, 조금 좋게 포장해서 이야기하자면 그만큼 일본어 공부를 쉬지 않고 열심히 했다고 말할 수 있겠다. 물론 부모님이 봤을 땐 컴퓨터 게임에 빠진 폐인이었겠지만.

하지만 나는 그때 내가 일본어 공부를 하고 있다고 생각했다. 그리고 게임이라는 새로운 현실에 접속해서 얼굴도, 이름도 모르는 일본인 친구들과 일본어로 수다를 떨며 오늘 하루 무슨 일이 있었는지, 어떤 일이 힘들었는지 이러쿵저러쿵 한탄하고 스트레스를 푸는 것이 내겐 하루의 가장 중요한 일과가 되어 있었다. 그래서 내 방에 컴퓨터를 설치한 선택을 아직도 후회하지 않는다.

나는 일본어를 '책'으로 공부해 본 적이 없다. 물론 도전은 했었다. 그런데 늘 실패했다. 내 방에 쌓여 있는 일본어 공부 교재만 열 권이 넘는다. 하지만 이 중에서 완

독한 책은 단 한 권도 없다. 다들 잘 아시다시피 나는 머리가 안 좋다. 특히 공부 쪽으론 아주 많이. 성적은 늘 하위권이었고, 일본어 관련 고등학교에 다녔지만 언어적으로도 뛰어난 부분이 하나도 없었다. (오히려 뒤떨어졌으면 뒤떨어졌지.) 매일 책을 읽으려고 했지만 늘 한 페이지를 넘기지 못하고 잠들었다. 이런 내가 책으로 일본어를 공부한다? 절대 불가능한 일이다. 난 무엇이든 즐겁게 해야 한다. 공부든, 게임이든 무엇이 되었든 즐거워야 몰입할 수 있다. 그렇다고 해서 그렇게 즐겁게 즐긴다고 무조건 머릿속에 들어오는 것도 아니다. 그건 다른 문제다.

나의 유일한 장점이자 단점이 바로 '한 번 빠진 건 쉽게 질리지 않는다'이다. 예를 들면 고등학교에 다닐 땐 까르보 불닭볶음면에 빠져서 2년 내내 그것만 삼시 세끼 먹었고, 지금은 딸기에 완전히 미쳐서 맨날 딸기만 먹고 있다. (많은 사람이 나에게 '질리지 않냐'고 묻지만 절대 질리지 않는다. 오히려 먹을 때마다 새롭다.) 유튜브 같은 것도 늘 봤던 영상을 보고 또 보고 또 본다. 왜 그럴까.

난 예측 가능한 것, 이미 알고 있는 결말 등 안정적인, 변화가 없는 것들을 좋아한다. 새로운 것, 앞으로 무슨 일이 일어날지 예측 불가능한 것 같은 불안정한 것들은 좋아하지 않는다. 그래서 내가 아는 맛이 나는 음식만 먹고, 내가 알고 있는 결말의 영상만 본다. 하루하루도 마찬가지다. 나는 반복되는 하루가 내가 생각한 루틴이나 계획에서 조금이라도 틀어지면 불안해 하고 무서워 했다.

그런데 이러한 나의 '안전주의'는 일본어에서도 적용되었다. 이게 무슨 말이냐고? 나는 고등학생 때 애니메이션 중에서도 주로 '개그 애니'를 좋아했다. 물론 로맨스 코미디도 좋아했지만 유독 빠져 있던 장르는 개그 애니였다. 그중에서도 <사이키 쿠스오의 재난>이라는 애니메이션이 있었다. 일단 내가 좋아하는 성우 선생님들도 많이 나오기도 해서 처음엔 그분들의 목소리를 듣고 싶은 호기심으로 봤다. 하지만 나중에는 내용 자체에 빠져 버려서 거의 중독 수준으로 늘 식탁에 <사이키 쿠스오의 재난>를 켜 놓고 밥을 먹었다.

패턴은 언제나 동일했다. 애니를 켠 다음 까르보 불닭볶음면에 햄과 물만두를 조합해 한 끼를 때우는 것이 나의 2년간의 식사 패턴이었다. 아침, 점심, 저녁 상관없이 꾸준히 그 식단을 2년간 유지했다. 나는 이 애니의 수많은 에피소드들을 보고 또 보고 또또 봤다. 그랬더니 같은 장면의 대사들을 전부 외워버릴 지경이 되었고 자연스레 일본어 실력이 향상되었다. <u>(실제로 일본에서 어린 친구들이 사용하는 줄임말이나 책상 앞의 공부만으로는 알 수 없는 현지 표현들을 애니메이션을 통해 습득했던 것 같다.)</u>

그런데 이런 공부법(?) 한 가지 단점은 새로운 경험, 즉 다른 애니메이션을 경험할 기회가 적어진다는 것이다. 한 애니메이션만 죽어라 보면 나름대로 복습 효과를 누릴 수 있어서 특정 일본어 표현들을 완전히 내 것으로 만들 수 있지만, 다른 작품을 접할 기회를 놓치는 단점이 있다. 하지만 어찌 되었든 나는 나만의 방식으로 꾸준히 일본어를 공부했는데, 이런 일본어 공부 이야기를 사람들에게 설명하면 다들 이렇게 질문한다.

"그걸로 어떻게 공부가 가능해요?"

그리고 이렇게 물어보는 아가들도 많이 있다.

"언니, 저 지금 ○○살인데 일본어 공부 시작하기엔 너무 늦었을까요?"
"일본어가 너무 어렵진 않을까요? ㅠㅠ"

이런 디엠들을 보내는 친구들, 그리고 지금 이 책을 읽으면서도 일본어 공부를 망설이는 친구들에게 나는 이렇게 말하고 싶다.

"그렇게 망설일 시간에 그냥 일본 애니 한 편이라도 더 보는 게 어때? 지금 시작해도 네 인생에 마이너스는 없을 거야."

"걍 혼자 사는 게 맘 편함."
#플라토닉

.

나는 첫 연애를 스물두 살에 했다. 요즘 애들에 비하면 정말 늦은 편이었다. 나도 사람이기에 연애가 하고 싶었다. 늘 공허한 느낌이 있었기 때문이다. 하지만 나란 사람에게는 연애하기에 정말 힘든 조건이 있다.

플라토닉러브.

나는 스킨십을 정말 극도로 싫어한다. 누군가가 내 몸을 만지는 것 자체가 싫다. 특히 이성에게 만져지는 게 너무 싫었다. 중학교 때 남자아이들에게 맞았던 게 이유일지는 모르겠지만 남자에 대한 공포심도 있었다.

왕따, 입원, 알바 등등 정말 오랫동안 이성과의 교류가 없었다 보니 남자라는 사람에 대해 많이 서툴고 어색했다. 그래서 주변 친구들에게 "난 플라토닉 연애가 하고 싶어"라고 말하면 모두 나를 이해하지 못하는 눈치였다.

"플라토닉 할 거면 연애를 왜 하냐?"
"그게 그냥 친구 관계랑 다른 게 뭐야?"

이런 식으로 내게 질문들을 던졌다. 사실 나도 늘 이 질문들에 제대로 대답하지 못했다. 나는 어떤 특별한 신념을 갖고 플라토닉을 외치게 된 것은 아니다. 그저 '스킨십'이 싫어서 그런 연애 방식을 나 혼자 플라토닉이라고 칭하게 된 것뿐이다.

지금껏 나는 두 번의 연애를 경험했다. 그리고 둘 다 일본인이었다. 그래서일까? 내 영상 댓글에는 '류라이 일본 남자에 미쳐 있어서 일본 남자만 사귀네' 같은 댓글이 자주 달린다. 하지만 난 이런 댓글들을 보면 억울하다. 나도 한국인 남자를 좋아한 적이 있다. 성인이 되고 나서도 좋아했던 한국 남자는 물론 있었다. 하지만 항상 마음도 전하지 못하고 끝나는 사랑들이었다. 원인은 바로 스킨십.

상대에게 좋아하는 마음이 생겼다는 것을 느끼면 바로 물어봤다.

"연애할 때 스킨십 못하는 거, 어떻게 생각해?"

돌아오는 대답은 모두 같았다.

"스킨십도 연애의 중요한 일부분이지. 그 부분이 서로 맞지 않으면 연애는 못 할 것 같아."
"나는 스킨십이 없는 연애는 아마 못 할 것 같은데."
"그건 좀 힘들지 않을까?"

그들은 모두 스킨십이 없는 연애에 대해 부정적인 반응을 보였다. 적어도 내가 좋아했던 '한국 남자'들은 말이다. 하지만 내가 만난 두 일본 남자는 달랐다.

"스킨십? 그런 거 안 해도 충분히 사귈 수 있잖아."

사귀지 않고 썸만 탔던 일본인 남자들도 대부분 같은 반응이었다. <u>(물론 스킨십이 중요하다고 말하는 일본인도 존재했다.)</u> 그래서 상대적으로 한국인보다는 일본인들과 더 자주 썸도 탈 수 있었고 연애까지도 할 수 있었다.

나의 연애 이야기를 살짝만 해 보자면, 먼저 첫 번째 남자와는 손까지만 잡은 게 전부다. 나이 차이도 꽤 났고 가치관도 많이 맞지 않아서 짧게 사귀고 헤어졌다. <u>(나보다 일곱 살 연상이었는데, 3개월 좀 안 되게 사귀다가 헤어졌다.)</u> 그나마 두 번째 연애가 나의 연애 중 제대로 된 연애라고 생각한다. 두 번째 연애는 그 친구와 입술까지 맞댔으니까. '이 친구라면 나의 플라토닉을 깰 수 있지 않을까?'라는 생각까지 했던 남자다. 하지만 결국 플라토닉이 아닌 그와 나 사이의 관계가 깨져버렸지만 말이다.

헤어진 이유가 궁금하다면… 첫 번째 남자는 이유를 모른다. '잠수 이별'이다. 2024년 12월 마지막으로 일본에 갔을 때 그를 만났다. 함께 시간을 보낸 뒤 귀국 후 그에게 연락을 했지만 그는 내 연락을 끝까지 받지 않았다. 그리고 나중에 '아, 이게 잠수 이별이구나'라고 깨달았다. 물론 이유가 아예 없었던 것은 아니다. 12월에 갔던 일본에서 조금 다툼이 있었다.

남자친구와 나는 숙소를 다르게 잡았는데 그 친구가 늦은 저녁까지 내 숙소에서 계속 죽치고 있으면서 돌아가지 않았다. 둘만 있던 좁은 숙소 안에서 나는 남자친구에게 신세를 한탄하며 '힘들다, 한국으로 돌아가기 싫다, 죽고 싶다' 같은 부정적인 말을 하며 펑펑 울고 있었다. 하지만 그 친구는 내 이야기를 듣는 둥 마는 둥 하며 자꾸 내게 술을 먹이려고 했다.

엄청나게 눈치가 없는 나였지만 '얘가 지금 분위기를 이상하게 잡으려고 하는구나' 정도는 느낄 수 있었다. 기분이 너무 나빠서 나는 "너 지금 내 얘기 안 듣는구나?"라고 말했다. 그러곤 "당장 나가 줘. 나 잘래" 하며 새벽 3시에 남자친구를 밖으로 내쫓았다.

 그 다음날 한국으로 돌아가는 비행기를 타기 직전까지 우리 둘은 아무 말도 하지 않았다. 한국에 돌아가 그에게 연락을 했지만 카톡의 '1'이 사라지지 않는 것을 보고 '아, 이런 게 잠수 이별이구나'라고 체념했다. 사실 첫 번째 이별이 많이 슬프지는 않았다. 왜냐하면 그를 아주 많이 좋아한 것은 아니었기 때문에. 그에게 처음 고백을 받았을 때 나는 이렇게 대답했다.

 "난 너 별로 안 좋아해. 그리고 나, 늘 이야기했던 대로 플라토닉이야. 나랑 사귀면 네가 많이 괴로울걸? 내가 널 좋아하지 않는데도 사귄다면 너도 기분이 안 좋을 텐데 괜찮겠어?"

 이 말을 들은 그 친구의 대답.

"일단 사귀어 봐. 네가 날 좋아하도록 내가 더 노력해 볼게."

그렇게 해서 사귀게 되었다. 당연히 처음부터 두근거리는 마음도 없었다. 좋아하는 감정이 싹도 트기 전에 우리는 헤어졌다. 그래서 첫 번째 연애에 대한 미련이나 후회 따위 같은 감정은 존재하지 않았다.

하지만 두 번째 연애는 좀 달랐다.

"내 순결 절대 지켜~!"
#마지막 연애

두 번째 연애는 첫 연애와 달리 조금 마음이 아팠다. 나름대로 진심이었기 때문이다. 그 친구의 한마디에 울고 그 친구의 한마디에 다시 웃었다. 그렇다고 외모가 내 취향인 것도 아니었다. 성격이 내 취향인 것도 아니었다. 모든 게 내 취향과 정반대였다. 나의 이성 취향은 강아지상에 귀여운 오사카 사투리를 쓰는 안경 쓴 너드남 스타일인데, 그는 고양이상인데다 성격도 상냥하지 않았다. 게다가 눈도 나쁘면서 죽어도 안경은 쓰지 않는, 오히려 오사카 사람을 싫어하는 전형적인 도쿄 사람이었다. <u>(대다수의 도쿄 사람은 오사카 사람을 안 좋아한다고 한다. - 전남친피셜)</u>

그리고 한국의 정치 이야기를 무척 좋아했다. 정말 신

기하다. 대체 왜 그런 걸까. 한국인인 나조차도 잘 모르는 정치 이야기와 정치인들의 가십을 쉬지 않고 말해서 솔직히 그 사람과 대화를 나누다 보면 늘 스트레스를 받는 부분이 많았다. 하지만 연락은 정말 빨랐다. 내가 문자를 보내면 적어도 1시간 안에는 답장해 주고 하루에 최소 10시간 이상은 통화를 나눴다. 매일 전화를 나누다 그대로 끊지 않은 채 잠이 들었고 다음날 아침에 일어나면 그의 기분 좋은 목소리가 들렸다.

おはよう。
(좋은 아침.)

처음부터 우리가 전화를 끊지 말고 자자고 했던 것은 물론 아니었다. 그저 이런저런 이야기를 나누다 보니 통화가 길어졌고 그러다 졸음이 밀려 와 전화를 하다 잠이 드는 일이 빈번해졌을 뿐이다. 그렇게 다음날 일어나 보니 여전히 통화가 안 끊어져 있었던 것이다. 어쨌든, 처음엔 가볍게 시작한 연애였지만 시간이 흐를수록 점점 진심이 되었고, 나는 그 친구가 하는 행동 하나하나에 울고 웃게 되었다.

처음으로 포토부스 안에서 입을 맞춘 날, 그 사진을 SNS 계정에 올렸을 때 내 주변 사람들로부터 수많은 연락이 쏟아졌다.

"류라이, 드디어 플라토닉이 깨진 거야?"
"미친, 네가 입을 맞췄어? 그것도 남자랑?"

사실 나도 그날 이후 내 플라토닉이 깨질지도 모르겠다는 희망을 품었다. 더 정확히 말하면, 이성과 살이 맞닿는 것을 극도로 혐오하는 내 이상한 취향(?)을 극복할 수 있을 것이라는 막연한 기대 반 두려움 반의 감정이었다. 그 이후 나는 진지하게 아는 언니들과 낯부끄러운 상담을 받으며 내 인생의 플라토닉을 깨고자 노력했다.

하지만 전부 헛수고였다. 그 이후 난 헤어졌으니까.

헤어진 이유는 이번에도 '잠수'였다. 그 친구가 갑자기 5일 동안 잠수를 탄 것이다. 이유는 나도 모른다. 갑자기 나의 연락을 보지 않았다. 그래서 답답한 마음에 그의 주변 지인 모두에게 연락했다. 당시 그는 도쿄에서 자취를 하며 혼자 살고 있었는데, 그가 잠수를 타기 전에 "일이 힘들다", "죽고 싶다", "더는 못 버티겠다" 같은 부정적인 말들을 입에 달고 있었다. 직장이 있던 남자친구는 늘 조기 출근을 하고 날마다 야근까지 했는데 그래서 더 신경이 예민해져 있었던 것 같다.

언젠가는 내게 이런 말도 한 적이 있었다.

"나에게 무슨 일이 일어나도 아마 주변 사람들은 무슨 일이 일어났는지조차 모를 거야."

그 말을 들었을 때 나는 얘가 정말로 극단적인 선택이라도 벌이면 어쩌나 싶은 불안감이 들었다. 그래서 남자친구가 갑자기 잠수를 했을 때 불현듯 당시의 이 말이 떠올라 황급히 남자친구 주변 지인들에게 연락을 돌렸다. 마침내 그의 어느 친구에게서 연락이 왔다.

"걔 연락되는데?"

나는 그 친구에게 "내가 말한 건 비밀로 하고 네가 자연스럽게 내 남친에게 연락 좀 해 줄 수 있을까?"라고 부탁했고, 그 친구는 곧장 내 남자친구에게 전화를 걸었다. 놀랍게도 내 연락은 그토록 받지 않던 남자친구는 그 친구의 전화 벨소리가 몇 번 울리기도 전에 금방 받았다.

친구에게 듣기론 내 남자친구는 전혀 불안정해 보이지 않았고 오히려 아주 평화로워 보였다고 했다. 심지어 어디를 놀러 간 것 같았다고 했다. 나에게 연락을 하지 않은 5일 동안 말이다. 주변 사람들은 이 이야기를 들으면 무조건 "바람이네"라고 말했다. 정말 남자친구가 다른 사람을 만났을까? 사실 그때가 처음은 아니었다. 그는 사귀기 전부터도, 사귀고 나서도 바람을 많이 폈고 심지어 나에게 걸린 적도 많았다. 하지만 난 그런 그조차도 좋아했고 어리석게도 늘 눈감아주며 이렇게 말했다.

"다음부터는 그러지 마."

그렇게 연애를 계속하다 결국 그는 잠수를 타버렸다. 지금까지도 나는 그가 5일 동안 잠수를 탄 정확한 이유를 알지 못한다. 그리고 이 5일간의 잠수로 인해 우리 둘은 엄청나게 크게 다퉜고 결국엔 헤어졌다. 그 친구는 끝까지 나에게 "그저 혼자 있고 싶었어"라고 말했기 때문에 그가 5일 동안 잠수를 탄 이유는 아직까지도 내겐 미스터리로 남아 있다.

아무튼 나의 연애의 두 번째 이야기는 이렇게 마무리가 되었다. 그 이후로 사실 나에게 호감이 있다고 고백했던 일본인 친구들이 몇몇 있었지만 연애까지 이어지진 않았다. 연애라면 지긋지긋했기 때문이다.

두 번째 연애이자 마지막 연애였던 친구와 이별을 하고 정말 많이 힘들었다. 그리고 그 고통을 두 번 다시 겪고 싶지 않았다. 그래서 앞으로는 애초에 누군가를 먼저 좋아하지 않겠다고 다짐했다. 실제로도 누군가를 좋아할 수가 없었다. 좋아하는 감정이 생기면 그 사람이 언젠가 나를 배신할 것이라는 불안감이 엄습했다. 내가 받게 될 상처가 두려웠다. 누가 다가와도 나에게 잘해 주고 나를 좋아해 주는 감정조차 의심스러워서 제대로 관계를 맺을 수 없었다.

그래서 지금은 그냥 연애 따위 할 생각 없이 모두와 친구로 사이 좋게 지내고 있다. 예전에도, 지금까지도 내 목표는 '순결'이다. 아무에게도 빼앗기지 않을 내 순결을 죽을 때까지 지키는 것, 그것이 현재 나의 목표다.

모두 나에게 묻는다.

"그럼 넌 성욕이 아예 없는 거야?"

이 질문에는 확실하게 "NO"라고 대답할 수 있다. 나도 성욕이 있다. 영화나 드라마에서 야한 장면을 보면 두근거리고 설렌다. 마음속이 간질간질해진달까? 하지만 그건 '타인' 한정이다. 무슨 소리냐고? 그 야한 장면에 남이 아닌 내 얼굴이 대입되는 순간 그 간질간질한 기분이 와장창 깨져버린다. 그러므로 '나' 한정으로서는 성욕이 없다고 할 수 있다. 정말이다. 어떤 야한 장면이 나와도 그 장면에 나라는 사람을 대입하는 순간 몰입이 되지 않는다.

그래서 결론은? 나도 성욕은 있다. 근데 내가 하긴 싫다. 그뿐이다.

비밀 세 알,

다이어트

"사기 필터를 쓰는 내 얼굴은
어째서 그들처럼 안 변할까?"

외모 지상주의.

우리에게는 이미 익숙한 단어 아닌가?
이런 단어가 익숙한 게 어찌 보면 슬프다.

'외모는 권력이다.'
'외모는 재산이다.'
'외모는 능력이다.'

뒤에 어떠한 가치 있는 것을 붙여도
이상하지 않은 단어, '외모'.

왜 세상 사람들은 외모에 미쳐 있을까.
왜 나조차 외모에 미쳐 있을까.

이해할 순 없지만 이해가 되는
아이러니한 현실이다.

"남의 다이어트 따라해봤자 얻는 건 병든 몸뿐."
#0고백 1차임

내 인생의 첫 번째 전성기가 틱톡을 막 시작했을 때였다면, 두 번째 전성기는 바로 '첫 다이어트'를 했을 때였다. 내가 68kg에서 32kg을 감량했을 때. 그래서 몸무게가 36kg이 되었을 때. 사실 다이어트를 한 이유는 건강해지기 위한 것도 있었지만 가장 큰 이유는 바로 실연이었다.

 나는 예체능(예술 계열) 입시를 준비했는데, 내 주변 친구들을 보면 보통 본격적인 입시 준비를 시작하기 전에 다이어트를 했다. 특히 내가 지망했던 대학교는 실기 평가로 춤과 노래를 준비해야 했는데, 몸이 날씬할수록 면접관들(교수님들)로부터 가산점을 받을 수 있었다. 그래서 나와 같이 실기를 준비하는 고등학교 3학년 친구들은 더더욱 열성적으로 다이어트에 매달렸다. 하지만 나는 실기시험을 보러 다닐 때조차도 다이어트를 하지 않았다. (실기 시험 당일 아침에도 까르보 불닭볶음면 먹고 시험 보러 갔다.) 다이어트의 필요성을 느끼지 못했기 때문이다. '통통한 게 어때서? 난 내 매력으로 승부를 하겠어.' 이런 마음도 있었다. 왜인지 그때의 나는 자존감이 굉장히 높았고 그로 인해 다이어트는 정말 상상조차 못 해 봤을 정도로 살에 대한 스트레스가 없었다.

내가 다이어트를 시작하게 된 건 입시가 전부 끝나고 시험을 봤던 학교들의 결과들이 속속 나온 뒤, 내가 어느 학교를 갈지 전부 결정이 난 다음이었다. 하루 종일 아무 일도 하지 않고 의미 없는 나날을 보내며 대학교 생활을 기대하고 있던 바로 그때였다. 당시 허리디스크가 심해서 중학교 때부터 의사에게 "다이어트가 필요하다"라는 말은 많이 들었지만 그냥 한 귀로 듣고 한 귀로 흘렸다. 하지만 입시가 끝난 이후 실연 아닌 실연(?)을 당했다. 같은 뮤지컬 학원에 다니는 남자애에게 고백도 하기 전에

"너는 여자로서는 별로야"라는 말을 들어버린 것이다. 물론 고백을 하지는 않았지만 난 그 남자애를 마음속으로 좋아하고 있었으니 그 애한테 그런 소리를 들은 게 실연이 아니고 뭐란 말인가? (0고백 1차임.)

나는 복수심에 불타올랐다. 물론 그 친구가 나를 오직 겉모습 때문에 별로라고 한 것은 아니었다. 외모만 보고 사람을 판단하는 그런 애는 아니었으니까. 하지만 복수하고 싶었다. "너는 여자로서는 별로야"라고 말한 그 남자애에게 뭔가를 보여주고 싶었다. 나 혼자만의 소심한 복수였달까? 가장 먼저 떠오른 건 다이어트였다. 내 머릿속엔 이미 에일리의 <보여줄게>가 재생되고 있었다. (보여줄게 완전히 달라진 나♬)

그날 밤. 집으로 돌아오자마자 큰 종이에 '다이어트'라고 크게 적어 벽에 붙였다. 눈만 뜨면 유튜브를 켜고 다이어트 자극 영상을 봤다. 연예인들의 다이어트 전후 모습을 비교하는 영상들을 꾸준히 보며 각오를 다졌다.

살이 빠졌을 때 내가 얻게 될 이점들을 계속해서 떠올렸고, 다이어트 이후 달라질 내 모습을 상상했다. 이뻐진 나를 보고 후회할 그 남자애의 표정도 떠올려봤고.

 이렇게 하루하루 독하게 마음을 먹고 열심히 운동과 식단을 유지했다. 처음엔 조금 힘들었다. 무작정 연예인들의 다이어트 방법을 따라 했기 때문이다. 특히 당시 가장 유명한 다이어트 방법이었던 아이유의 다이어트를 처음부터 무작정 따라 했던지라 내 다이어트 방식은 굉장히 극단적이었다.

아침: 사과 1개

점심: 고구마 2개 혹은 바나나 2개

저녁: 단백질 보충제

 그래서 아이유 다이어트를 하는 동안 우리집 냉장고에는 고구마와 사과밖에 없었다. 처음엔 잘 따라갔지만 시간이 흐를수록 사과와 고구마가 너무 맛이 없어졌다.

다른 방법이 필요했다. 더 효과적인 방법이 무엇일지 다이어트 공부를 계속하다 보니 자연스럽게 '단백질'의 중요성을 알게 되었다. 그렇다, 아이유의 다이어트 식단에는 가장 중요한 단백질이 빠져 있었고 전부 '순탄수화물'뿐이었던 것이다.

나는 운동을 하면서 줄곧 유튜브만 봤다. 집에 러닝머신과 사이클이 있어서 늘 그 두 기계로 운동을 했는데, 운동을 하면 너무 지루하니 늘 유튜브 영상을 찾아봤다. 그러면 언제나 자연스럽게 다이어트 지식과 관련한 영상만 보게 되었다. 어느새 내 유튜브 알고리즘은 다이어트 지식에 관한 영상들로 도배가 되었다. '다이어트에서 가장 중요한 3대 영양소', '혈당 관리하는 법', '인슐린 억제 식단', '다이어트에 좋은 식이섬유질의 종류' 등등….

뭔가 알 수 없는 전문 용어들이 잔뜩 나와서 처음엔 생소했지만, 그 용어들을 계속해서 반복적으로 보다 보니 자연스럽게 외워졌다. 그렇게 누군가의 다이어트 방법을 통째로 따라 하며 시작한 내 다이어트는 이제는 나만의 방식이 더해져 나름대로 잘 유지되고 있다. 다이어트란 건 결국 자신이 꾸준히 유지할 수 있는 식단과 운동법을 찾아내는 게 가장 중요하다. 다이어트는 한 번 성공했다고 끝나는 것이 아니라, 그 성공을 오랫동안 유지해야 진짜로 끝나는 것이라고 생각한다.

'다이어트는 평생의 숙제다.' 이 말에 백번 공감한다. 다이어트는 한번 시작하면 끝이 없다. 먹어도 살이 안 찌는 체질? 정말 특별한 체질인 사람이 아닌 이상 그런 건 존재하지 않는다. 체질이 바뀌는 사람도 있다곤 하는데, 그런 경우는 정말 길 가다가 벼락에 맞을 확률이라고 말하고 싶다. (그래도 이 세상에 정말 한 사람쯤은 있지 않을까 하는 생각도 든다. 그게 나였다면 좋겠고.)

그럼 다이어트에 집중했을 때 틱톡은 어떻게 했냐고? 그때 틱톡 영상들은 전혀 찍지 않았다. 살이 빠지고 있는 나의 모습을 영상이나 사진에 담고 싶지 않았다. 나는 다이어트를 할 때 의외로 몸무게를 재지 않았는데, 그 이유는 내 성격상 몸무게를 한 번 재게 되면 분명 강박 수준으로 몸무게에 집착할 것을 알았기 때문이다. 그래서 몸무게를 재는 것은 처음부터 그만뒀다. 몸무게보다는 '눈바디'를 중요하게 여겼는데, 그조차도 꾸준히 하지는 않았다. 워낙 내 성격이 발단, 전개, 결말 순보다는 전개를 건너뛰고 발단에서 곧장 결말로 향하는 걸 좋아하는 성격인지라 '살이 빠지는 과정'보다는 '살이 쏙 빠져 있는 나의 모습'만을 보고 싶었기 때문이다.

그럼 살을 빼는 기간 동안 류라이는 틱톡을 쉬었을까? 아니다. 내 지난 틱톡 영상들을 보면 알겠지만 난 5년 동안 거의 하루도 빠짐없이 틱톡에 콘텐츠를 올렸다. 다이어트를 하는 동안은 영상도 안 찍었다면서 그러면 어떻게 업로드를 했을까? '임시저장 영상'들을 매일 꾸준히 편집해서 올렸다. 다이어트를 시작하기 전에 잔뜩 영상을 찍어 놓았기에 충분했다. 그때만 해도 내 틱톡 계정에 올라간 영상들의 반응은 전부 미적지근했기 때문에 올려도 그만, 안 올려도 그만이라고 생각했다.

결국 나는 단기간에 36kg의 다이어트에 성공했다. 지금 생각하면 정말 미쳤던 것 같다. 아, 체중계로 몸무게를 재지도 않고 거울을 보지도 않았으면서 어떻게 다이어트 성공을 알았냐고? 그 이유는 바로 주변 사람들의 반응. 당시 내 친구들과 가족들의 반응은 모두 똑같았다.

"너 어디 아파? 왜 이렇게 살이 빠졌어?"

농담이 아니라 정말 나를 '아픈 아이'로 대했다. 그들의 표정을 보면 알 수 있었다. 놀라움과 탄식 그리고 걱정. 그들이 하는 말의 의도쯤은 표정만 봐도 금방 알 수 있었다. 어떤 사람은 내가 이렇게나 많이 살을 뺐다는 것에 진심으로 놀랐을 것이고, 또 어떤 사람은 내가 진짜로 아픈 애처럼 보여 걱정을 했을 것이다.

"이런 망할 외모 지상주의 사회!"

#저체중

누군가에는 아픈 사람으로 보일 정도로 나는 심각한 '저체중'이 되었다. 다이어트 성공 이후 나를 아는 모든 사람이 깜짝 놀랬다. 나를 못 알아보는 사람마저 생겨났다. 사실 몸무게가 40kg이었을 때까지만 해도 "이뻐졌네~"라는 말을 자주 들었다. 하지만 몸무게의 앞자리가 '3'으로 바뀌면서부터는 "무섭다"라는 말을 듣기 시작했다. 내가 봐도 난 아파 보였다. 그리고 실제로 기력이 없었다. 너무 말라서 조금만 움직여도 너무 힘이 들었다. 하지만 틱톡의 영상들은 '살이 빠진 나'를 찍을 때마다 반응이 빵빵 터졌다.

하필 그때 장원영 님이 정말 핫했던 시절이라서 (지금

도 핫하시지만...) 늘 나의 몸은 장원영 님과 비교되었다.

"얼굴만 가리면 장원영이네."
"몸만 보면 장원영보다 더 말랐어요."

그러다 어느새 내 스마트폰 배경 화면도 장원영 님의 사진으로 바뀌어 있었다. 그녀처럼 내 몸도 마른 몸을 유지하는 게 목표가 되었다. 하지만 그 꿈은 금방 깨지고 말았다. 마른 몸을 유지하는 내 방식이 잘못된 것이었는지 몸의 이곳저곳이 아프기 시작했다. 아르바이트 핑계로 운동도 쉬는 상태였다. 먹지도 않고 운동도 안 하니 그나마 몸에 남아 있던 근육은 전부 빠져버렸고, 심장에는 물이 차고 간수치마저 수직 상승했다.

물론 이런 증상들이 급격한 다이어트 때문인지는 정확하지 않다. 다만 내게 고통을 주었던 증상들이 모두 본격적으로 다이어트를 시작한 직후에 나타났다. 그래서 무리한 다이어트 때문에 몸의 면역력이 떨어져서 이런 증상들이 나타난 것은 아닐지 나와 가족들은 추측했다. 목의 종양이 생긴 것도 바로 이때였다. 내 인생 첫 수술이었다. 수술 도중에 투입되는 마약류의 마취제들은 내 몸을 띵띵 붓게 만들었고, 수술용 약물과 그 이후 먹었던 약들의 부작용으로 인해 32kg이었던 내 몸은 다시 58kg까지 찌게 된다. 거의 요요 현상 수준으로 몸무게가 돌아온 이후 찍은 틱톡 영상들의 반응은 정말 매정했다.

'마른 몸'을 가진 류라이가 아닌 '통통한 몸'을 가진 류라이가 찍은 영상들에 대해 사람들은 관심조차 주지 않았다. 다른 일반인들과 내가 똑같아졌기 때문이다. 내가 말랐을 때 찍었던 영상들은 그들의 도파민을 자극시키기에 충분했을까? 이때 절실하게 느꼈다. SNS는 사람들의 도파민을 자극시켜야 한다. 무조건 자극적이어야 한다. 선정적인 것이든, 잔인한 것이든. 그리고 더 높은 조회수를 얻기 위해선 어떻게든 어그로를 끌어야 한다.

나의 마른 몸도 어떻게 보면 그들에게 어그로를 끄는

재료였을 것이다. 그리고 냉정하게 보자면 통통해진 내 몸은 더 이상 그들에게 도파민을 분출시키지 못했던 것 같다. SNS에서 똑같은 행동을 해도 얼굴이 이쁘고 귀여운 사람들이 하면 댓글에 온통 '귀엽다~', '짱이다!', '예뻐요!' 같은 칭찬뿐인데, 그렇지 않은 친구들이 같은 행동을 한다면 '우왝!', '더러워', '역겨움~' 등의 부정적인 댓글들이 달린다. 어떻게 아냐고? 내가 5년 동안 틱톡을 하면서 직접 봤고 경험했으니까. 그리고 나도 그런 반응에 당했다고 생각하니까.

'당했다'는 표현을 쓰면 좀 그렇지만, 나는 영상에서 가끔 다른 사람들의 영상을 따라 한다. 챌린지라고 해야 하나? 내가 어떤 영상에 대해 챌린지를 할 때는, 원본 영상에 달린 반응이 내게도 달리기를 기대하는 마음이 있어서다. 처음 원본 영상이 올라갔을 때 달린 댓글들을 나도 받고 싶기 때문이다. (이쁘다, 귀엽다, 사랑스럽다 등등.) 하지만 내 영상을 본 그들의 반응은 모두 "이거 ○○ 영상 따라한 거 맞지?", "어후, 역겨워", "앤 뭐냐?". "△△ 님 영상이랑 이렇게 비교가 되네 ㅋㅋ" 등등 정말 안 좋은 댓글들이 수도 없이 달렸다.

    나는 이 이유를 모두 '외모'라고 생각했다. 내가 모방하려고 한 사람과 내 영상의 가장 큰 차이점은 누가 봐도 외모뿐이었으니까. 그 사람은 슬쩍 봐도 눈, 코, 입의 '자기주장'이 아주 강하고 얼굴이 정말 주먹만 한 너무나도 아름다운 미인이다. 이와 반대로 나는 그냥 아주 아주 아주 평범한 얼굴을 가진 일반인이다. 물론 외모 말고도 차이는 조금씩 존재하겠지만 결국은 외적인 부분이 가장 크다고 생각한다. 아무리 열심히 영상을 찍어 올려도 늘 이런 반응뿐이다 보니 당시 나는 매일 성형이 고파서 성형외과 사이트를 들락날락하며 무료 이벤트 같은 게 올라오면 제일 먼저 신청하고 성형 수술 견적을 보러 다녔다.

    대체 나는 왜 이렇게 '외모 강박'이 심할까? 그 이유는 첫째, 인생 살면서 얼굴 차이로 인한 불공평함을 많이 느껴봤기 때문에. 둘째, 친언니가 무진장 이쁘다. 그래서 늘 비교됐다. 친언니는 몸도 말랐고 얼굴도 정말 예쁘다. 그러니 늘 주변 사람들은 통통하고 덩치 크고 우락부락하게 생긴 나를 언니와 수없이 비교했다. 나도 속으로 늘 그런 언니를 보면서 어떻게 하면 저렇게 이뻐질 수 있을까 엄청나게 고민했고. 그래서 정말 많은 성형외과 병원을 찾아봤지만 내 얼굴이 언니 얼굴처럼 예뻐지려면 뼈를 깎아야 하는 '목숨을 건 성형 수술'을 해야 한다는 견적뿐이었다.

의사 선생님들 말씀으로는 간단한 시술만으로는 절대 이뻐질 수 없는 조건의 얼굴이었다. 흔히들 하는 뒷트임도 나는 눈알이 작아서 불가능했다. 뒷트임을 하게 되면 눈알 쪽 살이 파여 괴물처럼 보이게 된다는 것이었다. 그래서 내가 효과를 볼 수 있는 수술은 뼈를 건드려 광대를 깎는 수술뿐. 솔직히 말해서 이 글을 쓰고 있는 지금도 고민하고 있다. 내 스마트폰으로 SNS를 켜면 온통 성형외과 광고만 나올 정도로 나는 '외모에 대한 정신병'을 정말 심하게 앓고 있다.

내가 이런 외모 정병(정신병)을 갖게 된 원인 중에는 틱톡의 영향도 물론 엄청 컸다. 틱톡 속에 있는 사람들은 모두 이쁘고 잘생겼다. 물론 틱톡 필터가 사기라는 건 어느 정도 알고 있다. 하지만 그 사기 필터를 쓰는 내 얼굴은 어째서 남들처럼 사기처럼 변하지 않는 거지? 어느 순간 틱톡의 분위기는 달라져서 옛날과 비슷한 영상을 올려도 반응은 예전만 못하다.

예를 들어 내가 자주 찍었던 목소리 콘텐츠를 올리면 옛날에는 "우와, 신기해요!", "목소리 너무 이뻐요!", "이성대모사도 해 주세요!" 등 정말 긍정적인 댓글만 달렸는데, 요즘에는 "우웩, 저 얼굴에 저 쥐어짜는 목소리 엄청 역겹네", "자기 자신에게 너무 취해 계신 듯?", "정신 좀 차리세요, 아줌마" 등 부정적인 댓글투성이다. 다른 이쁜 친구들의 영상 댓글들을 보면 모두 "이뻐요!", "개귀엽네", "너 내꺼 해라" 같은 찬양 일색의 댓글들만 보이는데. 이와는 상반되는 댓글들을 보면 "나도 만약 이 친구처럼 이뻤더라면 같은 영상을 찍어도 댓글이 달라졌을까?"라는 생각이 든다.

그런 생각이 드니 처음엔 '나는 절대로 보정 안 써'라고 오기를 부렸지만, 점점 '나도 조금만 써 볼까?'라는 생각이 들었고 그렇게 보정이 늘어나면서 이제는 '유소희'가 아닌 가상의 '류라이'의 얼굴이 만들어졌다. 그리고, 정말 거짓말처럼 댓글들의 반응이 바뀌기 시작했다. 이것이 우연일까? 글쎄. 나는 우연이라고 생각하지 않는다. 사람들에게 '보이는 모습'은 정말 중요하다. 특히 사람을 볼 때 가장 먼저 보이는 '얼굴'이 정말 중요하다. 그 얼굴이 '호감형'인지 '비호감형'인지. '관상은 과학이다'라는 말이 대체 왜 생겼겠는가. 다시 말하지만, 사람들은 생긴 것만 보고 모든 것을 판단한다. 슬프지만 이것이 진리다.

물론 나중에 그 판단이 수정되기도 한다. 하지만 자신의 첫인상 판단이 틀렸을지라도 '아, 이 친구한테 이런 면도 있었네?'라는 단순한 생각으로 넘어가는 경우가 대다수다. 나는 '대한민국'뿐만 아니라 다른 나라에서도 '외모'는 재력이자 무기라고 생각한다. 슬프지만 사실이다. 세계는 모두 외모 강박에 빠져 있다. 오히려 외모 강박에 빠지지 않은 사람들을 비정상으로 본다. 자기 자신을 가꾸지 않는 게으른 사람으로 본다. 외모 지상주의다.

 물론 이상한 일이라는 것을 안다. 얼굴만으로 그 사람의 가치를 평가한다고? 도저히 이해할 수 없지만… 한편으론 이해가 된다. 이걸 이해하는 나 자신이 싫지만 나도 물들어버린 것 같다. 그러니, 이해할 수 없는 나 자신도 이해해 줄래?

"돈 주고 모든 것을 살 수 있는 세상(외모까지)."
#악플

중국 틱톡에서 '토끼 경찰'이라는 영상이 유행한 적이 있다. 그 음원을 처음 들었을 때 '이 목소리, 내가 직접 더빙을 해 볼까?'라는 생각이 들었다. 아무래도 당시 내가 틱톡에 올리는 주요 콘텐츠가 '귀여운 목소리'였기 때문에 뭐든 나의 목소리로 커버하던 때였다. 그렇게 '토끼 경찰' 영상을 내 목소리로 녹음해 업로드를 했다. 그리고 이것이 바로 나의 첫 번째 틱톡 전성기였다. 이 음원은 많은 연예인들과 인플루언서들에 의해 사용되었고 자연스럽게 수많은 틱톡 유저들에게 내 음원이 퍼졌다.

가장 정점을 찍었던 건 한 여자 아이돌분이 내 음원을 사용했을 때다. (참고로 나의 쌍둥이 오빠의 최애 아이돌이셨음.)

그분이 내 음원을 사용하고 나자 내 틱톡 계정 댓글창이 폭발했다.

"류라이 언니! 그 아이돌분이 언니 음원을 사용하셨어요!"

나도 사실 태그를 당하고 나서 알았다. 그리고 날아갈 듯이 기뻐서 쌍둥이 오빠에게도 엄청 자랑했다.

"이것 봐! 이분 너의 최애잖아! 이런 분이 틱톡에서 내 음원을 사용하셨어!"

너무 신이 났고 나는 한층 더 틱톡에 빠지게 되었다. 처음엔 이렇게 정말 순수했던 틱톡 라이프였다. 하지만 그 순수함이 계속되진 못했다.

지금은 예전과 같은 영상을 만들면 이런 댓글들이 달린다.

"지금은 옛날이 아니에요….".

"옛날에 갇혀 사네. 언제까지 이런 영상 올리려나?"

"목소리 일부러 쥐어짜는 거임?"

"목소리 역겨워요."

예전처럼 '귀엽다', '이쁘다', '신기하다' 같은 긍정적인 반응보단 '역겹다', '더럽다', '왜 저래' 같은 부정적인 반응이 가득했다. 그리고 이런 반응 뒤에는 늘 인신공격이 이어졌다. 처음엔 너무 괴로웠다.

"얼굴 왜 저럼."

"얼굴을 생각하고 그런 목소리를 내세요!"

"그래도 얼굴 가리면 볼 만함."

이런 댓글들을 보는 나는 늘 '내가 외모만 이뻤으면 사람들이 이렇게 나를 욕했을까?'라는 생각이 든다. 그리고 다른 사람들의 틱톡을 구경한다. 모두 이쁘고 잘생겼다. 틱톡의 필터가 사기인 건 알고 있다. 하지만 같은 사기 필터를 사용해도 다른 사람들은 유독 빛이 난다. 비교가 된다. 댓글창조차도 비교가 된다. 나쁜 댓글은 거의 찾아볼 수 없다. 내 영상에 달린 인신 공격의 댓글들도 찾아볼 수 없이 깨끗하다. 다시 한번 거울을 보고 생각한다.

'얼굴을 고쳐볼까?'

필터뿐만이 아니다. 다른 사람들의 영상 속 모습은 정말 행복해 보인다. 행복하고 풍족해 보인다. 어떤 사람은 부지런히 바쁜 일상을 보내고 있고, 어떤 사람은 원만한 인간관계를 자랑하며 하루하루 여유롭게 살아간다. 그들은 정말이지 행복해 보인다. 나는 현실에서 '개백수'로 매일 나 자신과 싸우며 살아가고 있는데. 나와 다른 그들의 삶에 다시 한번 무너진다. 세상밖에 나서기가 두려워진다. 그렇게 난 또 내 방 침대 이불 속으로 숨어버린다.

SNS에서는 모두 삶이 풍족하고 완벽하다. 늘 '잘난남'의 모습만 보게 된다. 그리고 그걸 보고 있는 나는 정말 아무것도 가진 것 없는 '한낱 인간'일 뿐이다. 나도 알고 있다. 그들도 모두 자신들의 '완벽했던 날'들을 피드에 박제시킨 것뿐이라는 사실을.

알고 있지만 비교하게 된다. 완벽한 하루를 보낸 그들의 SNS와 허무한 나날을 보내고 있는 나의 하루가 너무나 비교가 된다. SNS의 사진과 현실 사람들의 얼굴은 많이 다르다. 모두 자신이 더 이쁘게 보일 수 있도록 '보정'을 한다. 물론 그 사진이 보정이란 사실을 나 또한 알고 있다. 하지만 그들의 '보정된 사진'과 나의 '일반 카메라'의 모습을 비교하게 되고 또 나는 성형외과 사이트를 뒤지며 나의 어디를 어떻게 고쳐야 할지 고민한다. 바보 같다는 거 안다. 하지만 알면서도 사람은 같은 행동을 반복한다. 어리석다는 거 알고 있다. 알면서도 하게 되는 게 사람이지 않은가.

물론 그 행동이 어리석다는 걸 깨닫고 바로 그만둔다면 그 사람은 현명한 사람이다. 하지만 보통 사람들은 살아가는 인생에 당장 영향이 오지 않는 일들은 대수롭지 않게 넘긴다. 이런 비교와 열등감, 자괴감도 그렇다. 이런 감정들이 지금 당장 내 인생에 큰 영향을 미치는 것은 아니다. 이제 자연스러워진 것일까? 성형외과 사이트를 뒤지고 있는 나 자신이. 남들의 SNS를 보며 부러워하는 나 자신이.

 이런 내가 익숙해져서 '누군가를 부러워하는 나'라는 것조차 불편하지 않다. 이제는 그것이 당연해졌다. 지금 이 글을 읽고 있는 너희는 어때? SNS 속 나(류라이)의 모습을 보며 너희는 어떤 생각을 했을까?

"보정을 많이 해서 죄송합니다."
#얼굴 윤곽 수술

나는 지금까지도 외모로 많이 욕을 먹고 있다. 예전에 한 웹드라마에 출연한 적이 있다. 그 덕분에 정말 무보정의 '쌩얼'이 유튜브에 박제가 되었다. 사람들의 반응은 엇갈렸다.

"무보정도 귀엽다."

"생각보다 별로 안 다른데?"

"그냥 볼살만 조금 추가된 류라이!"

이런 긍정적인 반응과 함께,

"기만자."

"보정 ㅈㄴ 들어가네."

"현실은 한녀 그 자체누."

등의 정말 수위 높은 악플이 엄청나게 달렸다. 나는 그 웹드라마가 공개된 다음 날, 결국 사과 영상을 올렸다.

"보정을 많이 해서 죄송합니다."

많은 사람이 나의 보정을 '기만'으로 느낄 줄 몰랐다. 나는 딱히 내가 보정한다는 것을 숨기지 않아 왔다. 모두 나에게 "언니 너무 이뻐요!"라고 칭찬하면 나의 대답은 늘 "이거 다 보정이야~"였으니까. 틱톡에서 외모 칭찬을 들으면 지금까지도 자괴감이 든다.

'내가 이들을 기만하고 있는 걸까? 내가 이들을 속이고 있는 걸까?'

그리고 늘 생각한다.

'아, 성형하고 싶다. 내 실제 얼굴이 틱톡에서 필터를 적용한 얼굴처럼 되고 싶다.'

웹드라마 영상이 공개되고 나서 나에 대한 연관 검색어는 이렇게 도배가 되었다.

#류라이실물 #류라이무보정 #류라이필터 …

온통 내 외모에 대한 단어들이 가득했다. 내가 출연한 분량만 따로 편집이 되어 수많은 계정에서 떠돌아다니며 수많은 사람에게 조롱거리가 되었다. 외모로 받는 조롱거리는 사실 상관없었다. 한두 번이 아니니까. 하지만 그 이후로 외모에 대한 내 집착은 조금 심해지기 시작했다.

나는 협찬, 공구 제안이 정말 많이 들어온다. 첫 번째로 가장 많이 들어오는 협찬, 공구 제안은 다이어트 보조제 광고랑 다이어트 센터 광고다. 하지만 이미 스스로의 힘으로 32kg이나 감량에 성공한 나로서는 다이어트 약품이나 전문 센터가 다이어트에 실질적인 도움이 되지 않는다고 생각하기에 이런 제안들은 늘 한결같이 무시해왔고, 앞으로도 그럴 것이다.

그리고 다음으로 많이 들어오는 협찬이 바로 성형외과 광고다. 성형외과의 협찬 제안은 간단하다. 성형을 하고 나의 바뀐 모습을 류라이 계정 게시물 피드에 업로드하면 끝이다. 사실 옛날엔 성형 협찬 제안이 들어오면 거들떠보지도 않았다. 최근에도 한 성형외과에서 제안이 왔는데 혹시나 하는 마음으로 상담을 진행했다. 병원들은 완벽한 광고 효과를 위해 성형 전의 얼굴과 성형 후의 얼굴의 극명한 차이를 노출시키고 싶어 한다. 당연한 일이다.

이런 병원의 속마음을 알고 있음에도, 나 역시 얻는 것이 있으므로 속는 셈 치고 상담을 받으러 간 것이다. 하지만 막상 상담을 받으면 늘 협찬 계획은 무산되었다. 내가 가장 고치고 싶어 했던 얼굴 부위는 광대였다. 왜냐하면 영상을 올릴 때마다 사람들은 내 툭 튀어나온 광대가 밉다고 했기 때문이다. 그래서 나는 내 광대를 늘 깎고 싶었다. 상담을 받을 때 나는 가장 먼저 윤곽 수술 협찬을 원한다고 솔직하게 말했다. 그런데 이런 말을 하면 상담사 선생님들은 당황한 표정을 짓는다.

"어? 광대는 건드리실 게 없는데요?"

정말 이런 소리를 듣는다. 그리고 은근히 다른 수술을 유도한다.

"눈을 키워 볼 생각은 없으세요?"
"코 높이시면 이쁠 것 같은데!"

하지만 눈도 막상 하려고 보면 내 쌍꺼풀이 마음에 들어서 건드리기 싫었고, 뒷트임을 하자니 내 흰자가 너무 작아서 조금만 뒤를 찢어도 눈알 안쪽 붉은 부분이 보여서 마음에 들지 않았다. 수술을 하면 마치 눈알 큰 괴물처럼 보일 것 같았다. 그렇다고 앞트임을 하기에도 애매했다. 내 이목구비가 워낙 몰려 있는 편이라서 앞트임을 하면 그 모습이 더 극대화될 것 같았다.

이제 남은 건 코인데, 사실 난 내 코의 모양이 많이 마음에 들었다. 그래서 코만큼은 무조건 안 한다고 외친다. 사회적으로 봤을 때(?) 내 코가 안 이쁜지 몰라도 내가 봤을 때는 우리 아빠의 오뚝한 코를 쏙 닮은 내 코는 내 얼굴 중에서 유일하게 좋아하는 부분이다.

어쨌든, 늘 이런 식으로 성형 협찬이 무산되기 일쑤라서 지금까지도 수없이 성형외과를 기웃거렸지만 실행까지는 이어지지 못했다. 그래서 더는 안 되겠다 싶어서 내 돈 주고 직접 성형을 해야겠다는 생각이 들었고, 빡세게 알바를 하며 차곡차곡 돈을 모았다.

당시 쇼츠에는 성형 전과 후의 달라진 인생을 다루는 자극적인 영상이 엄청나게 많이 올라왔다. 그중에서 '얼굴에 몇 억 들여서 성형한 중국인들의 180도 달라진 인생'이라는 영상이 있었는데 당시 이미 성형 수술에 잔뜩 취해 있던 나는 그런 영상을 보며 반드시 수술을 받겠다는 의지를 불태웠다. 그렇게 착실히 돈을 모았고 구체적인 성형 계획을 짰다. 돈을 거의 다 모은 뒤 어느 날 부모님에게 "나 성형 수술을 할 생각이야"라고 일방적으로 통보했다. 심지어 수술 예약까지 다 마쳤기에 수술 병원과 수술 일자까지 정해진 상태였다.

사실 성형을 진지하게 고민했던 게 그때가 처음은 아니었다. 갓 스무 살이 되었을 때 나는 드라마 속 주인공처럼 하루아침에 내 외모를 완벽하게 변화시키고 싶었다. 그러려면 일단 살부터 빼야만 했다. 그래서 당시 떠올린 수술이 바로 '전신 성형'이었다. 다이어트를 시작하는 게 너무 막막했기에 지름길인 전신 지방흡입 등을 고민하며 완전히 달라진 20대를 돈으로라도 사고 싶었다. 물론 지금은 내 힘으로 다이어트를 성공했지만 말이다.

하지만 다이어트 전에는 정말 절실했다. 거울에 비친 내 몸과 얼굴의 모습이 정말 싫었다. 최대한 빠르게 확실한 변화를 원했다. 그래서 이러한 나의 원대한 계획들을 부모님께 브리핑을 하며 어떠냐고 물었다. 그런데 부모님은 코웃음치시며 "어디 한번 해 봐라"라는 말씀만 하실 뿐이었다. 전신 성형을 하는 데 최소 수천만 원이 들기에 절대로 불가능한 일이라는 것을 알고 계셨기 때문이다.

하지만 이번에는 달랐다. 성형을 하고 싶은 부위가 어디인지 확실히 알고 있었고, 성형에 필요한 돈까지 준비한 상태였다. 병원 상담도 전부 끝냈다. 그렇다면 나의 이러한 폭탄 발언(?)에 부모님은 어떻게 반응했을까? 역시나 좋은 말을 듣지 못했다. 부모님의 마음은 이해가 된다. 자식이 목숨을 걸고 성형하겠다는데 "그래, 잘 받고 오렴~"이라고 반응하실 부모님이 어디 있겠는가?

결국 부모님과 또 대판 싸우고 관계에도 살짝 금이 가버렸다. 나는 그렇게 또 윤곽 수술을 포기했다.

비밀 네 알,

딸기

"딸기는 색깔이 어두울수록
더 달콤하다."

딸기를 살 때 잘 모르는 사람들은
보통 새빨갛고 보기 좋게 익은 딸기를 구매한다.

하지만 나는 어둡고 조금은 물러 있다고
생각이 드는 딸기를 구매한다.

왜냐하면 그런 딸기가 더 달고 맛있기 때문이다.

겉으로는 완벽하지만 속은 시큼한 딸기와
겉은 물러 보이지만 막상 먹어 보면 달콤한 딸기.

나는 후자의 딸기 같은 사람이 되고 싶다.
겉만 멀쩡해선 소용없다.

속이 달콤하지 않으면 사람들은
그 딸기를 두 번 다시 찾지 않을 것이기 때문이다.

딸기처럼 조금은 어두운 인생으로 보이겠지만
너무 미워하지는 말길.

어두운 딸기는 막상 먹어 보면
가장 달콤하고 맛있는 딸기니까.

"내 입에 들어갈 거 나만 맛있으면 된 거지, 뭐."
#밀가루전

난 음식에 대한 호불호가 정말 강하다. 한번 싫어진 음식은 입에도 안 댄다. 한번 좋아진 음식은 끝장을 볼 정도로 그 음식만 먹는다. 성격이 워낙 중간이 없어서 좋아하면 완전히 미쳐버리고 싫어하면 쳐다보지도 않는 스타일이다.

그렇다면 류라이가 싫어하는 음식은? 내가 싫어하는 음식들의 대표적인 특징은 이런 것들이다. 딱딱하고 뾰족한 음식을 싫어한다. 예를 들면 탕후루? 맛이 어중간한 음식을 안 좋아한다. 민트초코? 향신료가 강한 음식도 안 좋아해서 MZ들한테 인기가 많은 마라탕도 썩 좋아하진 않는다. 그런데 최근에 한 번 먹어 봤는데 생각보다 많이 맛없진 않았다. 그렇다고 좋아하지도 않아서 한 번 먹은 걸로 만족 중이다.

    이렇게 취향이 선명하다 보니 밖에서 음식을 잘 사 먹지 않는다. 어지간해서는 내 입맛에 맞는 식당이 없기 때문이다. 맛이 없달까? 그냥 굳이 비싼 돈을 주고 밖에서 사 먹을 만한 메리트가 느껴지지 않는다. 그래서 먹고 싶은 게 생기면 엄마에게 만들어달라고 부탁을 하거나 그냥 집에서 혼자 만들어 먹는다. (일단 이렇게 하면 재료만 준비하면 되기에 같은 금액으로 더 푸짐하게 먹을 수 있다. 난 확실히 질보단 양 스타일!)

    그렇게 혼자 해 먹다 보니 어떤 음식은 사람들 눈에는 '괴식'으로 보이기도 했다. 그래도 어쩌겠는가. 내 입맛엔 맛있는걸. 남들에게 '이거 먹어 봐!' 하고 강요하는 것도 아니니 딱히 문제 될 것은 없다고 생각했다. 사람들이 내게 묻는다.

"어쩌다가 밀가루전 같은 걸 먹게 되었어요?"

그 이유는 간단하다.

"제가 편식이 심해서요."

나는 튀김 요리를 먹을 때 안에 있는 내용물은 보통 먹지 않는다. 사실 아까워서라도 먹긴 하지만 튀김옷과 따로 따로 먹는다. <u>(튀김옷만의 고소함을 즐기고 싶다.)</u> 그래서 난 그냥 '밀가루 튀김'이 더 맛있다. 어떤 사람은 튀김옷을 벗겨내고 내용물만 먹던데. 난 튀김의 그 바삭한 식감이 좋다. 그래서 안에 있는 내용물이 같이 씹히면 바삭한 밀가루 튀김의 식감을 온전히 느낄 수 없어서 따로 먹는다.

그러다 보니 밖에서 튀김을 사 먹으면 너무 돈이 아까웠다. 부침개를 먹을 때도 김치부침개 속 '배추 김치'는 먹지도 않고 다 골라내고, 부추전에서도 부추전 속 '부추'는 전부 쏙 빼고 먹는다. 이런 특이한 입맛이 또 있을까?

그래서 어른들한테 무진장 혼도 많이 났다. 밖에서 사 먹을 땐 뭐든 이런 식이었기에, 그냥 차라리 내가 만들어 먹는 게 음식을 버릴 일도 없고 돈도 아끼는 길이라고 생각했다. 그때부터 밀가루전을 만들어 먹기 시작했다.

막상 밀가루를 사려고 보니 생각보다 저렴했다. 분식집에서 파는 튀김 몇 개 사는 돈으로 무려 1kg의 밀가루를 살 수 있었다. 직접 산 밀가루로 내가 좋아하는 대로 간을 해서 만들어 먹었다. 짭짤한 게 당기는 날에는 소금 비율이 더 많은 밀가루전을, 달달한 게 당기는 날에는 설탕 비율이 더 많은 밀가루전을 해 먹었다. 그냥 그게 내 일상이었다. 그게 나에겐 당연한 거였으니까 자연스럽게 틱톡 영상을 찍어 소개했는데, 사람들에게는 왜인지 '특이한 레시피'로 화제가 되어 있었다. '신기하네. 나에겐 당연한 건데 왜 저 사람들은 이상하다고 여기지?'

그러다 갑자기 많은 친구들이 내 레시피를 따라 밀가루전을 만들어 먹고는 SNS에 후기를 올리기 시작했다.

(#류라이밀가루전) 급기야 어느 유명 인플루언서가 밀가루전을 만들어 먹더니 드디어 유행이 되어버렸다.

나는 여전히 밀가루전을 즐기고 있다. 한동안은 푹 빠져서 계속 먹다가, 사실 요즘에는 뒤처리가 힘들어서 자주 해 먹진 않는다. 그래서 한 번 해 먹을 때 왕창 만들어서 질리도록 먹고, 또 한참 동안 안 먹다가 밀가루전이 당기면 잔뜩 해 먹는 패턴이 정착됐다. 가끔은 먹방 영상을 찍어 올리기도 하고. 물론 밀가루라는 음식이 몸에 안 좋아서 자제하는 것도 있다. 하지만 그보다는 한 번 만들 때마다 여기저기 흩날리는 밀가루의 '가루'를 치우는 일이 너무 힘들다. (류라이 틱톡 계정에서 밀가루전 뒤처리 영상을 참고하라.)

어쨌든 밀가루전은 그렇게 탄생했다. 요즘은 잘 해 먹지 않지만, 다시 빠지면 또 왕창 해 먹을 것 같다.

"누군가의 사랑은 결코 가치를 매길 수 없다."
#딸기 덕후

많은 사람이 묻는다. 딸기를 왜 그렇게 좋아하세요?

"…맛있잖아요."

이것이 내 대답이다. 진짜 딱히 이유가 없다. 나의 딸기 사랑은 어렸을 때도 똑같았다. 초등학교 때, 엄마가 나와 오빠를 위해서 딸기를 산더미처럼 사 와 씻어 주셨다. 어렸던 나는 새콤달콤한 딸기가 그저 너무 맛있었고 그 많은 양의 딸기를 혼자 다 먹었다. 오빠는 과일을 안 좋아해서 엄마가 과일을 사 오시면 늘 내가 다 먹곤 했다.

어느 날, 그날도 혼자 모든 딸기를 맛있게 먹은 후 가족들과 할머니 댁에 가기 위해 차에 올라탔다. 그런데 딸기를 너무 급하게 허겁지겁 먹은 탓에 소화가 되지 않았다. 사실 난 예나 지금이나 차멀미가 정말 심하다. 그래서 아빠는 늘 차를 구입할 때 딸을 생각해 최대한 덜컹거리지 않는 차를 고르려고 신중하게 고민하신다. 근데 내가 어렸을 당시엔 덜컹거리지 않는 차는 거의 없었다. (그리고 있다고 해도 워낙 비쌌기에 장만할 수 없었다.)

덜컹거리는 차 안에서 한참을 있다 보니 속이 너무 불편했다. 게다가 시골에 내려가는 길이라 비포장 도로도 많았다. 심하게 요동치는 차 안에서 내 뱃속의 아직 덜 소화가 된 딸기들이 조금씩 역류하기 시작했다. 나는 필사적으로 역류를 막으려고 애썼지만 어린 내가 감당할 수 없을 만큼 이미 딸기는 목구멍 끝까지 올라와 있었다. 손으로도 입을 틀어막아 봤지만 역부족이었다. 결국 나는 앞자리에 앉은 오빠의 뒤통수에 내가 먹은 딸기들을 전부 쏟아내버렸다.

이날 이후 오빠는 가뜩이나 싫어했던 딸기를 더욱 싫어하게 되었고 그 덕분에 나는 계속해서 딸기를 원 없이 독차지할 수 있었다. (이건 내 뇌피셜이지만 그냥 오빠는 과일이라면 덮어두고 싫어했던 것 같다.) 어쨌든, 이 정도로 나는 오래전부터 딸기를 좋아했다. 그나마 나이가 어렸을 때는 부모님이 사 주시는 딸기만 먹어야 했으니 많이 먹지도, 자주 먹지도 못했다.

　성인이 된 스무 살 이후 부모님으로부터 금전적으로 완전히 독립하게 되었다. 그때부터는 병원비를 제외하고는 부모님으로부터 용돈을 받는 것이 완전히 사라졌다. 이제 내 돈을 주고 내가 장을 직접 보다 보니 늘 내가 먹고 싶은 것들을 살 수 있게 되었다. (#내돈내장) 물론 가성비도 생각하다 보니 늘 구입하는 건 딸기, 라면, 과자밖에 없었다. 그런데 우리 집은 엄마가 몸에 들어가는 음식에 대해 많이 예민해 하신다. 특히 내가 스무 살 이후 많이 아팠다 보니 더더욱 딸이 어떤 음식을 먹는지 까다롭게 감시하셨다.

그래서 늘 라면 같은 것들을 몰래 먹을 수밖에 없었다. 마음 같아선 박스째로 구입해 놓고 집 안에 쟁여둔 채 편하게 먹고 싶은데, 그렇게 했다간 엄마에게 걸릴 것이 뻔하기에 늘 편의점에서 낱개로 구입해 사 먹었다. 심지어 일하러 가신 엄마가 돌아오시기 전에 얼른 먹어 치우고 먹은 흔적을 지워 증거를 인멸하는 방식으로 라면과 밀가루 음식 등을 먹었다. (하지만 나중엔 틱톡 먹방으로 부모님께 전부 들켜버려서 엄청나게 혼났다.)

내가 이런 이야기를 하면 어떤 사람들은 '성인이 되고 나서도 부모님한테 그런 소리 듣는 게 창피하지 않냐'고 지적하는데, 그런 사람들에게 나는 '내가 성인이 되어도 부모님은 여전히 부모님이다'라고 말하고 싶다. 아무리 나이를 먹어도 부모님과 자식이라는 관계는 변하지 않는 것 같다. 부모님은 자식들이 몇 살이든 늘 건강하게 살기만을 바라는 분들이다. 그러기에 나에게도 늘 걱정 섞인 잔소리를 하시는 것이다. 그래서 이제는 그냥 그러려니 한다.

그리고 성인이 되어서 느낀 건데, 학생 때는 내가 삐뚤게 나아갈 때 늘 붙잡아 주던 선생님이라는 존재가 있지 않았는가. 제자의 발전을 위해 숙제를 내주고 하루하루 무엇을 해야 하는지 정해 주는 길잡이 말이다. 학생이었을 때는 이런 선생님들을 그저 귀찮은 존재라고만 생각했다. 하지만 성인이 되고 나서 깨달은 것은, 그런 존재가 있다는 건 정말 행운이었다는 사실이다. (성인이 된 지금 나는 정말 아무것도 하지 않고 내 방 한구석에 박힌 채 발전 없이 하루하루를 불안해 하며 살아가고 있다. 아, 학생 시절 그저 귀찮은 존재였던 선생님이 그리워진다.)

부모님의 존재, 그들의 잔소리는 내가 '살아 있음'을 느끼게 해 준다. 오히려 행복하고, 기쁘다. 누군가 나를 걱정해 준다는 것은 그만큼 나를 사랑한다는 것이 아닐까? 나를 사랑하지도, 좋아하지도 않는 '남'들은 내가 밀가루 음식을 먹든, 몸에 해로운 걸 먹든 관심도 없을 것이다. 그러니 혹시나 부모님의 잔소리가 귀찮다고 생각하는 사람들이 이 글을 읽고 있다면 그분들의 존재에 감사하라고 말하고 싶다.

다시 본론으로 돌아와서, 그런 식으로 라면을 숨기다가 들키고, 또 과자를 숨기다가 들키고…. 나도 혼나는 것에 지쳐 부모님이 터치하지 않는 메뉴만 찾다 보니 자연스럽게 딸기만 먹게 되었다. 내 삶에 유일하게 허락된 '길티플레저' 최애 음식이랄까?

지금은 부모님이 퇴근하시는 저녁에 이제 내가 더 이상 밀가루 음식을 안 먹는다는 것을 증명이라도 하려는 듯, 두 분 앞에서 대놓고 딸기를 깨끗이 씻어 맛있게 먹는다. 굳이 왜 그러냐고? 부모님 앞에서 대놓고 라면을 끓여 먹을 순 없으니까. 그건 부모님의 걱정을 대놓고 무시하는 행위다. 따라서 나는 무조건 부모님이 퇴근하시는 시간 이후에는 오로지 건강한 딸기만 먹었다.

그렇게 내가 먹는 딸기의 양은 급속도로 늘어났고, 나는 지금 일주일 만에 수십만 원어치의 딸기를 사 먹는

'딸기 덕후'가 되었다.

　당신의 최애 음식은 무엇인가? 먹으면서 죄책감을 느끼지만 도저히 끊을 수 없는 길티플레저 같은 음식이 무엇인지 궁금하다.

"앉은자리에서 딸기 10kg 먹기 완전 가능."
#딸기 억까 사건

Q. 류라이는 딸기를 왜 좋아하는가?

A. 맛있으니까. 그리고 먹기도 간편하니까.

Q. 딸기 다음으로 좋아하는 과일은?

A. 체리. 하지만 비싸서 자주 사 먹진 않는다.

Q. 정말 단순히 딸기가 맛있어서 딸기를 좋아하는 것인가? 비하인드 스토리는 없는가?

A. 그렇다. 진짜 아무 스토리도 없다.

앞에서 이야기한 스토리가 내가 딸기를 좋아하게 된 이유라면 이유일 수 있겠지만, 사실 단순히 그 이유 하나만으로 딸기가 좋아진 것은 아니다. 이것도 내가 딸기를 좋아하게 된 과정 중에 일어난 에피소드일 뿐이다. 특별한 이유는 존재하지 않는다. 내가 고등학교 때 까르보 불닭볶음면에 빠져서 거의 2년 동안 삼시세끼로 그것만 먹었을 때도 이유는 없었다.

그저 맛있었으니까.

나는 이미 틱톡을 찍기 전에도 딸기를 너무 좋아해서 딸기를 자주 사 먹는 편이긴 했다. 그러다 '딸기좌'라고 불리면서 딸기를 하루에 최소 한 번씩 사 먹게 되었고, 점점 딸기를 먹는 양이 늘어났다. 예전에는 보통 이틀에 한 번 꼴로 먹는 정도였다. <u>(처음엔 시청자들이 딸기를 먹어 달라는 요청이 쇄도해서 어쩔 수 없이 먹었는데, 지금은 그냥 내가 원해서 먹는 수준에 이르렀다.)</u>

사람들이 내게 묻는다.

"딸기, 안 질려요?"

아직은 안 질린다. 그리고 여름이 아니면 맛있는 딸기를 먹을 수 없기 때문에 '있을 때 먹어야지'라는 마인드로 열심히 먹고 있다.

"딸기에 쓰는 돈은 안 아까우세요?"

대답은 역시, "네"이다. 나는 먹는 것에는 돈을 아끼지 않는다. 만약 물리는데 억지로 먹는다면 내 비싼 돈을 들이며 그런 어리석은 행동은 왜 하겠는가? 틱톡에서 '딸기좌'라고 불려봤자 나에게 돌아오는 것도 없는데 말이다. 그냥 맛있어서 먹는 거다.

틱톡을 하면서 정말 다양한 딸기를 많이 먹었다. 가격대별로도 여러 종류의 딸기를 먹어봤다. 가장 기억에 남는 딸기는 역시 3만 5000원짜리 킹스베리 딸기. 너무 달고 맛있었다. 킹스베리 딸기를 처음 먹게 된 계기는 이렇다. 라이브를 진행하고 있었는데 부모님께서 킹스베리 딸기를 사 오셨다. 사실 그때 나를 제외한 가족들은 모두 다른 지역으로 놀러 가 있어서 집에는 나 혼자였는데, 마침 내가 라이브를 저녁에 하다 보니 가족들이 여행을 마치고 집에 돌아온 시간이랑 겹쳤던 것이다.

가족들도 내가 딸기를 워낙 좋아하는 것을 알기 때문에 여행을 다닐 때마다 그 지역에서 가장 신선한 딸기를 발견하면 나를 위해 기념으로 사 오시곤 했다. 엄마는 라이브 중이던 내 방에 활짝 웃으시며 들어와 내게 깨끗이 씻은 딸기를 주고 가셨다. "라이야, 이거 3만 5000원짜리야. 라이브 하면서 먹어"라고 말씀하셨다. 킹스베리 딸기는 늘 이름만 들어봤지 가격이 너무 비싸서 사 먹진 못했는데, 확실히 비주얼만으로도 정말 맛있어 보였다. 게다가 크기가 정말 내 손바닥만 했다. (이 상황이 고스란히 담긴 영상이 따로 존재한다.) 나도 여자치곤 손이 정말 큰 편인데, 내 손바닥 크기만 한 킹스베리 딸기를 보니 처음 든 생각은 이랬다.

'이거 두 손으로 먹는 이유를 알겠는데?'

'딸기 억까 사건'이라는 것이 있다. 딸기를 좋아하는 어느 아이돌님이 있는데, 내가 딸기를 워낙 좋아하다 보니 그 아이돌님의 팬분들이 내가 그 아이돌님을 흉내 내고 있다며 내게 '류라이는 억지로 딸기를 먹는다'고 나를 억까(근거 없이 억지로 까는 행위)한 사건이다.

"진정한 딸기좌는 ○○○ 님이다. 류라이 너는 아니다."

이런 사건이 있었다 보니 내가 라이브에서 딸기를 먹게 되면 사람들은 나더러 "○○○ 님처럼 두 손으로 딸기를 잡아서 먹어 주세요"라고 말하며 그 아이돌님의 이름을 언급하곤 한다. 그래서 손바닥만 한 크기의 킹스베리 딸기를 보자마자 나도 그 아이돌님이 바로 생각났다. 그렇게 킹스베리를 처음 먹었을 때의 맛은 정말 황홀했다. 한입으로 다 먹을 수 없는 푸짐한 크기에서 오는 압도적인 달콤한 풍미가 입안을 꽉 채웠다.

여기서 재밌는 사실은, 그 이후로 킹스베리 딸기는 한 번도 못 먹고 있다는 사실이다. 내 돈으로 사 먹기엔 너무 비싸기 때문이다. 나중에 기회가 되면 정말 다시 한번 먹고 싶은 맛이다. 그런 날이 오겠지? 킹스베리 딸기는 내가 살면서 먹어 본 딸기 중에 가장 맛있는 딸기였다. 킹스베리 딸기 말고도 다른 종류의 딸기들을 다양하게 먹어 봤다. 관련된 영상들은 나의 틱톡, 유튜브, 인스타 등에 올려 두었으니 편하게 찾아보길. 재미가 쏠쏠할 것이다. (재미없으면 어떡하지.)

그리고 틱톡을 하면서 새로 알게 된 사실도 있다. 딸기가 '신맛'이 나는 과일이라는 것이다. 나는 딸기를 먹으면서 지금껏 신맛을 느껴본 적이 없었다. 하지만 종종 내 영상 댓글에 "난 딸기 셔서 못 먹겠던데"라는 댓글이 달렸고, 나는 그 댓글을 볼 때마다 '잉? 웬 신맛?'이라는 의문점이 늘 있었다. (그런데 진짜 어떤 딸기는 너무 시더라.) 그리고 또 하나 새롭게 알게 된 사실은, 보통 사람들은 딸기를 열 알 정도만 먹어도 배가 부르다는 사실이다.

나는 내가 '중식가' 정도라고 생각한다. 사실 중식가도 오버고, 다이어트를 하고 나선 소식가로 바뀐 것 같다. 그런데 보통 사람들은 딸기를 열 알 정도만 먹어도 배부르다고 모두 나에게 이야기했다. 나는 그게 너무 신기했다. 사실 딸기는 많이 먹어도 먹으면서 실시간으로 배가 꺼지기 때문에 나에게 5kg 정도의 딸기 흡입은 아주 간단하다. 그래서 나는 늘 라이브를 할 땐 기본적으로 딸기를 5kg 정도는 거뜬히 먹었다. 모두 나에게 신기하다고 했지만, 나는 그게 일상이었기에 신기하게 보는 사람들이 더 신기했다. _(진짜 열 알만 먹어도 배가 찬다고?) 딸기는 먹어도 물배만 차는 느낌이라 화장실 한 번 다녀오면 다시 시작할 수 있는데. 사실 지금 이 글을 적으면서도 딸기를 먹고 있다. 딸기는 내 하루의 유일한 도파민이다.

여기서 맛있는 딸기를 고르는 법을 하나 알려 주겠다.

나는 딸기를 선택할 때 실패 확률이 정말 낮다. 솔직히 나 정도로 많이 사 먹는 사람이 실패 확률이 낮지 않은 것도 이상하긴 할 것이다. 우선 나는 아주 많이 익은 딸기를 고른다. 많이 익은 딸기가 정말 달고 맛있기 때문이다. 하지만 이는 나니까 가능한 것이다. 나는 보통 딸기를 산 그 자리에서 전부 먹기 때문에 딸기가 상할 걱정이 없다. 하지만 딸기를 하루 안에 다 먹지 못하고 며칠간 나눠서 드시는 분들이라면 나중에 드실 걸 잘 생각해서 좀 덜 익은 딸기를 사는 것이 좋다.

그리고 딸기 색이 어둡고 진할수록 달다. 이건 그냥 나의 경험이긴 하다. 진짜 어두울수록 더 달아지는 것인지는 잘 모르겠지만 적어도 내가 먹었던 딸기들은 전부 그랬다. 그리고 딸기 꼭지가 올곧이 서 있는 게 신선하다. 이건 나도 어디서 들은 이야기이긴 한데 실제로 딸기를 먹으면서 신선하다고 느낀 것들은 전부 꼭지가 올곧이 서 있었다.

딸기를 더 달게 먹는 법을 소개해 보자면, 딸기를 먹기 1시간 전에 상온에 두면 딸기가 더 달아진다. 이유는 나도 잘 모르겠다. ('믿거나 말거나'니까 한번 직접 실험해 보시라.) 그리고 딸기는 흐르는 물에 한 번 쓱 씻는 게 당도를 더 잘 유지하는 방법이다. 옛날에 나는 딸기를 세척할 때 늘 식초와 물을 섞어서 거기에 담가 뒀는데, 내가 딸기를 씻는 영상을 본 친절한 몇몇 사람들이 꿀팁을 알려줬다.

"딸기는 물에 담가 두면 당도가 빠져요~"

과학적으로 정말 그런지는 잘 모르겠지만, 같은 가게에서 구입한 같은 딸기를 각각 다르게 씻어서 먹었는데 정말 맛이 달라서 깜짝 놀란 적이 있다. 그래서 난 오늘도 그냥 물에만 살짝 씻어서 딸기를 맛있게 먹고 있다.

"솔직히 딸기 아주 가아끔은 물리더라."
#설탕파 vs. 반설탕파

딸기를 좋아한다고 하면 모두 나에게 묻는다.

"그럼, 딸기 맛이 나는 건 다 좋아해요?"

아니다. 딸기 맛 나는 제품들은 사실 썩 좋아하지는 않는다. 딸기는 딸기이기에 좋아하는 것이다. 딸기로 만든 대표적인 음식, 탕후루? 좋아하지 않는다. 이유는 설탕 코팅 때문이다.

"네? 어차피 라이 언니는 딸기에 설탕 찍어 먹는데 설탕 코팅 때문에 탕후루를 싫어한다는 건 너무 이상해요."

만약 그 설탕 코팅이 딱딱하지 않았다면 좋아했을지도 모른다. 하지만 딱딱한 설탕 코팅을 씹는 순간 그 코팅이 잇몸에 박히는 느낌이 너무 싫다. 그리고 입안에 상처를 낼 수도 있어서 조심스럽다. 가장 큰 이유는 딸기의 온전한 식감을 느낄 수 없기 때문이다. 그래서 탕후루는 좋아하지 않는다. 심지어 냉동 딸기를 쓰는 탕후루는 딸기 맛은 전혀 느껴지지 않고 그냥 달기만 한 맛없는 사탕 느낌이라 죽어도 먹기 싫다.

두 번째 음식은 딸기 생크림 케이크. 나는 초콜릿을 안 좋아한다. 그래서 케이크는 늘 생크림 케이크만 먹는데, 생크림 케이크에는 대부분 딸기가 올려져 있다. 하지만 그렇다고 해서 딸기 때문에 생크림 케이크를 고르는 것은 아니다. 딸기와 생크림은 별개의 문제다. 생크림 케이크 위에 있는 딸기는 감질나기만 할 뿐이다. 오히려 새하얀 생크림 위에 올려진 딸기는 그냥 딸기보다도 맛이 없는 경우가 늘 더 많았다. (보기엔 정말 맛있어 보여도 막상 먹어보면 밍밍한 맛이 난다. 여러분도 느껴 본 적 있지 않나?) 즉, 내가 케이크를 살 때는 '딸기' 생크림 케이크를 구매하는 것이 아니라 딸기 '생크림' 케이크를 구매하는 것이다. 아무튼 생크림 케이크를 먹을 때 내 주목적은 딸기가 아니라는 것이다.

그렇다면 딸기와 생크림의 조합은 좋아하는가? 애초에 내가 생크림을 많이 먹지 못한다. 생크림만 그냥 먹는 사람도 있던데 나는 절대 그렇게 못한다. 먹다 보면 물리고 속이 매스꺼워지기 때문이다. 딸기와 함께 먹을 때도 그랬고. 그러다 보니 딸기랑 생크림의 조합도 별로 좋아하지 않는다. 초콜릿과 딸기의 조합도 인기가 많지만, 나는 초콜릿 자체를 아예 좋아하지 않기에 내가 좋아하지 않는 음식을 감히 나의 최애 음식인 딸기와 함께 먹고 싶지 않다. (그래도 가끔 초코가 당길 때가 있긴 하다. 하지만 그럼에도 딸기와 조합해서 먹진 않고 그냥 따로 초코 과자를 사 먹는다.)

나는 딸기 고유의 식감과 맛을 좋아한다. 그래서 딸기를 작게 잘라서 먹거나 갈아서 먹는 것도 아주 싫어한다.

(내가 봐도 류라이라는 인간은 참 까다롭다.) 딸기의 모양과 식감을 온전히 유지하면서도 고유의 상큼함과 달콤함을 극대화해 즐기고 싶다. 그렇다면 새콤달콤한 딸기의 맛을 가장 높일 수 있는 방법은 무엇이었을까? 나의 이러한 욕구를 충족시킬 수 있는 유일한 방법은 바로 '설탕'이었다.

그런데 여기서 오해하는 사람들이 있다. 나는 처음부터 생딸기를 설탕과 함께 먹진 않았다. 딸기를 너무 좋아하다 보니 사시사철 딸기를 먹고 싶었고, 그러다 보니 딸기가 제철이 아닌 계절에 냉동 딸기를 구입해 먹어 봤는데 너무 맛이 없었다. 그래서 그 딸기에 아무 생각 없이 설탕을 찍어서 먹어 봤다. 내가 '딸기 + 설탕 조합'을 생각하게 된 이유는 여러분도 한 번은 먹어봤을 '명O핫도그' 때문이다. 핫도그를 주문하면 늘 "설탕 묻혀 드릴까요?"라고 물어보지 않는가. 그 장면이 생각나서 나도 '어차피 망해도 괜찮으니까 냉동 딸기에 설탕을 굴려서 먹어 봐?'라는 생각이 불쑥 떠올랐던 것이다.

그후 가끔 기분 전환 삼아서 냉동 딸기에 설탕을 묻혀서 먹었고 이는 곧 나의 흔한 일상이 되었다. 그렇게 먹은 지는 2~3년 정도 된 것 같다. 그러다 아무 생각 없이 지난 2024년에 내가 딸기를 설탕에 찍어 먹는 영상을 틱톡에 올렸고, 그 영상이 대박이 났다. 영상 댓글에는 팽팽한 의견들이 대립했다.

반대파 1: 딸기를 설탕에 찍어 먹는 애는 처음이다.
찬성파 1: 나는 원래 그렇게 먹었는데?
반대파 2: ㄴㄴ 딸기를 왜 설탕에 찍어 먹음?
찬성파 2: 설탕에 찍어 먹든, 소금에 찍어 먹든 님들이 뭔 상관임?
　・
　・
　・

이 두 가지 의견으로 갈렸고, 어느새 그 영상의 댓글창은 '설탕파'와 '반 설탕파'로 나뉘어 싸움이 벌어질 지경이 됐다. 그리고 나는 그들 사이에서 설탕파를 대표하는 사람이 되어 있었다.

상황이 이렇다 보니 라이브에서 내가 생딸기를 먹을 때마다 채팅창에는 "라이 언니, 제발 설탕에 찍어 먹어 주세요!"라는 요청이 쇄도하게 되었다. 처음에는 냉동 딸기만 설탕에 찍어 먹었는데 이제는 어쩔 수 없이(?) 모든 딸기에 설탕을 찍어 먹게 됐다. 나는 정말 '생딸기'에는 절대 설탕에 찍어 먹지 않았는데. 그냥 먹어도 달고 싱싱한 생딸기에 굳이 왜 설탕에 묻힌단 말인가? 딸기 본연의 상큼함을 망치기 싫었다. 당시 틱톡의 여론도 반설탕파가 우세했다. 하지만 설탕파들의 취향도 존중한다. 내가 딸기를 먹는 취향도 나만의 취향일 뿐이니까. 이게 특이하다고 생각한다면 어쩔 수 없다. 당사자인 내가 맛있으면 된 거 아닌가? 그냥 여러분들도 '이런 애도 있구나' 하고 생각해 주면 고맙겠다.

취향 이야기를 하나 떠오르는 게 있다. 중학교 시절, 엄마가 늘 아침마다 삼겹살과 목살을 구워 주셨다. 어느 날 학교에서 '아침에 먹은 반찬 발표'라는 것을 했다. <u>(지금 생각해 보면 이런 걸 왜 했을까?)</u> 나는 아무 생각 없이 "삼겹

살과 목살이요"라고 말했다. 그런데 아이들은 '아침부터 고기?', '일어나자마자 고기 먹으면 소화가 돼?'라며 깜짝 놀란 표정을 지었다. 나중에 애들의 이야기를 들어 보니 '아침부터 고기를 먹으면 소화도 잘 안될뿐더러 기름 청소를 하는 게 너무 귀찮다'고들 했다.

그렇게 생각해 보면 엄마는 나와 나의 쌍둥이 오빠를 정말 많이 사랑하셨던 것 같다. 그 귀찮은 기름 요리를 아침 6시부터 준비해 주시고, 또 깨끗하게 뒷정리까지 해 주셨으니까. 엄마는 아침마다 얼마나 힘드셨을까? 게다가 국과 샐러드까지 늘 한결같이 준비해 주셨으니 말이다.

끝으로, 한 가지 더 확실히 짚고 넘어갈 부분이 있다. 아까도 말했지만 나는 딸기가 들어간다고 다 좋아하는지는 않는다. 류라이는 카페에서 무조건 딸기라떼를 시킬 것이라고 생각하겠지만 나는 카페에 가면 주로 따뜻한 티 종류를 주문한다. (일단 커피는 쓴맛 때문에 안 좋아한다.) 딸기 맛이 나는 과자, 사탕도 싫어한다. 심지어 딸기 맛이 나는 라면도 있던데 역시 별로다. 그런 향이 첨가된 식품을 별로 좋아하지 않는다. 인공적으로 만들어진 딸기향이 아닌, 딸기 한 알에서 느낄 수 있는 자연스러운 단맛과 식감을 사랑하는 것이다. 그러므로 온전한 딸기 한 알이 아니라면 나는 딸기에 대한 만족감이 충족되지 않는다.

이것이 나름대로 지금까지 무수한 딸기를 먹으면서 만든 나만의 '딸기 철학'이다. 하지만 아무리 딸기를 좋아해도 가끔은 살짝 물릴 때가 있는 법. 그때마다 변화를 주기 위해 최근에는 종종 생딸기에도 설탕을 찍어 먹는다. 뭐, 딸기뿐만 아니라 다른 과일에도 설탕을 찍어 먹곤 하니까 그리 이상한 건 아니라고 생각한다.

비밀 다섯 알,
틱톡

"여러분은 대체 나를
왜 좋아하세요?"

늘 이야기하지만 나는 틱톡을 별로 좋아하지 않는다.

그럼에도 5년간 꾸준히 틱톡을 하고 있다.

'좋아하지도 않으면서 왜 5년간 꾸준히 했나요?'

좋아하진 않지만 빠져드는 무언가가 있다.
그게 바로 틱톡의 매력이 아닐까?

나를 좋지 않게 보는 사람들은 나를 '길티'라고 부른다.
그 길티라는 단어를 처음 알았을 때는 이해할 수 없었다.
사람들이 나를 보며 '죄책감'을 느낀다니.

의문이 정말 많이 들었지만, 나중엔 그냥 아무 생각이 없었다.
어쨌든 나에게 '빠져든다'는 것이었으니까.

내 채널 댓글창에는 이런 글이 가득하다.

'류라이 틱톡 영상을 보면
죄책감이 느껴지지만 계속 보게 된다.
이런 게 류며드는 건가?'

내게 죄책감은 중요하지 않았다.
그들이 '류며든다'라고 말해 준 것이 고마울 따름이다.

"틱톡 그것은 길티."

#닉네임 플라이

2025년 기준 벌써 5년째 틱톡 활동을 이어오고 있다. 정확히 2020년 1월 1일부터 시작했다. (내 계정에 올라온 첫 영상 게시일은 2020년 1월 1일이다.) 사실 시작한 날을 쉽게 기억할 수 있도록 앱만 미리 깔아두고 2020년 1월 1일에 첫 영상을 게시했다. '류라이'라는 닉네임은 그때부터 사용했다. 닉네임의 유래는 특별할 것이 없다. 원래 내가 썼던 닉네임은 '플라이fly'였다. 이게 무슨 뜻일까? 플라이라는 닉네임은 내가 '중2병'이 한창 심했을 때 지은 이름이었다. 그저 세상을 높이 날아올라 성공하고 싶다는 마음이었다.

그런데 늘 나와 같이 게임하는 친구들은 모두 나를

'파리'라고 불렀다. 왜 '플라이'라는 발음이 '파리'가 된 건진 모르겠다. 그냥 그렇게 됐다. 내가 의도했던 이름의 진짜 뜻은 어느 순간부터 흐려졌다. 그래서 그냥 내 이름 '유소희'에서 성의 한자 '버들 유柳'를 따와 '플라이'에서 '플'을 떼고 '류라이'라는 닉네임을 짓게 되었다. '유'가 아닌 '류'로 지은 이유는 틱톡에서 다른 사람의 닉네임과 조금이라도 겹치는 닉네임을 짓고 싶지 않았기 때문에 '류'를 택했다.

영상에 나를 기록한다는 게 처음엔 정말 어색하고 창피했다. 하지만 나는 생각이 단순한 인간이기 때문에 그 어색함 역시 금방 익숙해졌다. 그렇게 점점 틱톡에 빠져들어갔다. 처음엔 댓글 한두 개만 달려도 기적이었다.

"귀엽네요."

"재밌어요. 또 올려 줘요!"

"추천하고 갑니다!"

어쩌다 달리는 댓글들도 정말 기본적인 내용이 전부였다. 하지만 그런 사소한 댓글들에도 일일이 "감사합니다!"라는 답글을 달았다. 그렇게 답글을 다는 것조차도 정말 재밌었다. 점점 찍고 싶은 영상들도 늘어났다. 남들 다 하는 '손댄스 콘텐츠'도 찍고 싶었고, '립싱크 연기 콘텐츠'도 찍고 싶었다. 정말 이것저것 유행하는 것이라면 가리지 않고 찍어 올렸고, 비록 유행하지 않더라도 그냥 찍고 싶은 영상은 죄다 패러디해서 콘텐츠로 만들었다.

그렇게 나는 틱톡에 점점 스며들었다. 처음엔 나 역시 틱톡에 대한 부정적인 인식이 있었다.

'틱톡은 중국 플랫폼이라서 싫다.'
'틱톡 영상 한 번 보면 유튜브에 광고가 도배되어서 짜증난다.'

하지만 내 안에 나도 모르게 있던 이런 불만은 어느새 사라졌고 틱톡에 푹 빠져 '하루에 영상 세 개 업로드'

는 기본이 되었다. 일명 '틱톡커'가 된 것이다.

정말 많으면 하루에 다섯 개 이상 영상을 게시했다. 너무 재밌어서 꾸준히 게시했다. '얼른 올려야 돼'라는 강박 때문이 아니라 정말 취미로 올렸다. 시간이 날 때마다 찍고 싶은 영상이 자꾸 떠올랐다. 그때마다 바로 찍어서 간단하게 올렸다. 그게 틱톡의 장점이었다. 다른 편집은 필요 없었다. 그저 가장 단순한 형태로 영상을 찍고 앱 내부에서 바로 편집을 마친 뒤 올리기만 하면 됐다.

그랬더니 나도 모르게 어느새 꾸준히 영상을 올리는 내가 되었고 팔로워도 천천히 늘기 시작했다. 어느 정도 사람들이 모이니 댓글이 쌓였고 그렇게 나만의 팬들과 소통을 하기 시작했다. "언니, 이런 영상 찍어주세요!"라는 댓글이 달리면 요청한 영상을 제작했고, 나를 비판하는 댓글이 달리면 "저는 이렇게 생각해요~" 식으로 내 생각을 소신껏 영상에 담아 전했다. 그러자 점점 더 팔로워도 늘었고 자연스레 사람들과 소통할 일도 빠르게 증가

했다.

　솔직히 말하면, 요즘 나는 거의 틱톡에 병적으로 집착하고 있다. 계속해서 알림을 확인하고 댓글창도 수시로 관리한다. 잠시라도 틱톡 계정에 접속하지 않으면 불안해서 미칠 것 같다. 하지만 내가 처음부터 이렇게 틱톡에 집착했던 건 아니다. 종일 알바하러 출근하고 학교에 등교하며 바쁜 삶을 살았을 때 틱톡은 그저 나의 취미생활이었다. 그 이상도, 이하도 아니었다. 그래서 영상도 언제나 짧게 올렸다. 알바 쉬는 시간마다 짬짬이 하는 정도였고, 쉬는 시간이나 밥 먹는 시간에 오늘 먹은 식사 영상을 찍어 올리는 게 전부였다.

　"오늘 이런 메뉴가 나왔는데 너무 행복했어요. 여러분은 무엇을 먹었나요?"

　그렇게 꾸준히 4년 동안 틱톡을 했다. 그 사이 알바를 그만두고 정식으로 회사 취업에 성공했다. 취업 후에도 틱톡은 쉬지 않았다. 오히려 틱톡에서 영상을 찍으며 그날 하루에 받은 스트레스를 풀었다. 어떤 때는 회사에서 억울한 누명을 받거나 원치 않은 일을 하게 될 때도 있었는데 그래도 꾹 참고 회사 일을 했다. 당시 함께 일했던 상사와의 관계도 좋지 않았다. 결국 나중에 어떤 큰 사건이 터지고 난 뒤에야 나를 둘러싼 근거 없는 소문들이 거짓이라는 것을 입증할 수 있었다. 하지만 그 사건을 계기로 나는 더 이상 그 상사와는 일을 못하겠다는 결론을 내리고 잘 다니던 회사에 그날 바로 사표를 제출했다.

사실 나와 같이 일하고 있던 직원들도 그 상사가 그런 식으로 사원들을 괴롭힌다는 사실을 전부 알고 있었다. 하지만 워낙 권력이 셌기에 모두 쉬쉬하던 상황이었다. '똥이 더러워서 피하지'라며 그동안 수많은 직원이 그 상사 때문에 일을 그만뒀다. 나는 처음 입사했을 때 직원들이 줄줄이 퇴사하는 것을 보며 '나도 설마 저렇게 당할까?' 싶었지만, 어느 날 그 상사분의 표적이었던 직원이 퇴사한 뒤 과녁이 내게 옮겨 오자 내 회사 생활은 하루아침에 지옥으로 돌변했다. 하루하루가 엄청난 스트레스의 연속이었다. 그러다 결국 '그 일'이 터진 당일 바로 퇴사했다. (여기서 그 사건의 전모를 자세히 말할 수는 없다.)

이 사건의 전모를 알고 있는 사장님은 내가 퇴사한다고 하자 극구 말렸다. 그 상사 때문에 회사 다니는 게 힘들다면 재택 근무로 전환하는 것은 어떠냐고 제안하실 정도였다. '류라이, 네가 그렇게 능력이 좋아?' 이렇게 생각하는 사람들이 있을 것이다. 대답하자면, 아니, 전혀 그렇지 않다.

일단 내가 그 회사에 어떻게 들어갔는지를 설명하자면, 한마디로 나는 사장님에게 '스카웃'을 당했다. 그런데 내가 엄청난 능력이 있어서 스카웃을 당한 게 아니었다. 그 사장님 말씀으로는 내 안에 숨겨진 재능을 보고 입사 제안을 했다고 하셨다.

사실 이 인연도 틱톡에서 시작되었다. 내가 틱톡에서

주로 일본어 노래를 부르거나 일본어 회화와 관련된 콘텐츠를 올리는 것을 보시곤, 지금 회사에서 일본 쪽을 겨냥한 스타트업을 구상 중인데 합류하지 않겠느냐고 연락을 주셨다. 당시 나는 아직 고등학교 2학년이었기 때문에 일단 취업 자체가 불가능한 상태였다. 그래서 사장님은 내게 프리랜서로 일할 것을 제안하셨고 심지어 출근하지 말고 집에서 일을 해도 된다고 하셨다. 그렇게 일을 시작하게 되었다.

사장님은 내게 특별한 업무를 시키진 않고 아주 기본적인 업무들만 요청하셨다. 물론 일본어가 가능해야 수행할 수 있는 업무들이었으므로 완전히 기본적인 업무라고는 할 수 없을 것 같다. 아무튼 나는 사장님의 과제(?)를 그럭저럭 막힘없이 해냈다.

그렇게 사장님과 나의 시간은 3년이 흘렀다. 3년간 사장님의 스타트업 회사는 정말 많이 성장했다. 사장님은 프리랜서 아르바이트 형태로 열심히 일하고 있는 내게 정규직을 제안하셨다.

"우리 회사도 정말 많이 성장해서 이제 라이 님을 정규직으로 모실 수 있을 정도의 규모가 되었습니다. 라이 님 부디 저희 회사에 정식으로 출근해서 정규직으로 일해 주세요."

하지만 나는 여전히 할 수 있는 일이 하나도 없었다. 남들 다 갖고 있는 '컴퓨터활용능력 자격증'조차 없었다. 심지어 컴맹이라 엑셀 등 각종 프로그램을 다루는 방법도 몰랐다. 이런 사람을 설득하겠다고 사장님은 2년이라는 긴 시간 동안 한 달에 한 번꼴로 나를 만나러 우리 집 앞에 오셨다.

사실 그때 나는 우리 엄마의 가게 일을 도와주고 있었다. 하필 엄마의 가게가 안정적으로 운영되지 못하고 있던 때라서 일손이 많이 필요한 상태였다. 그런데 만약 사장님을 따라 회사에 정규직으로 입사를 하면 엄마의 일을 도와줄 수 없게 되어서 그 부분이 자꾸 마음에 걸렸다. 결국 나는 사장님의 제안을 거절했다. 하지만 나중에 엄마의 가게도 다시 안정적으로 운영되면서 서서히 내가 도와줄 일도 줄어들게 되었고, 2024년 5월 다시 사장님이 우리 집 앞 카페에 찾아와 마지막으로 한 번 더 입사 제안을 해 주셨다.

엄마 일을 도와주는 것을 쉬고 있었다고는 해도 그때 난 사실 4개의 아르바이트를 돌리면서 바쁜 현생을 살고 있었다. 때론 인생이 너무 힘들다고 비관도 했었다. 그러다 마침 아르바이트를 하나하나 그만두고 그동안 모아 둔 돈으로 '한 달 정도 푹 쉬어 볼까'라는 생각도 하던 차였다. 그런 나에게 사장님은 다시 한번 정규직을 제안해 주셨던 것이다. 평소 회사 생활이란 게 어떨지 궁금하기도 했고, 인생을 살면서 이런 기회가 또 없을 것이라고 생각해서 나는 드디어 3년 만에 입사 제안을 승낙했다.

사람을 잘 믿지 않는 내가 그 사장님을 믿고 입사한

이유? 고등학교 2학년이던 시절부터 사장님은 내 이야기들을 아무런 편견 없이 들어 주셨다. 그리고 사장님의 가슴 아픈 과거들도 전부 솔직하게 이야기해 주시며 나를 위로해 주셨다. 이런 관계가 3년이 지속되면서 우리 둘 사이가 끈끈해졌던 것 같다. 회사나 일과는 상관없이, 사람 대 사람으로서 사장님에 대한 나의 신뢰는 정말 최상이라고 자부한다. 회사를 그만둔 지금도 연락하고 지내고 있고, 얼마 전에는 회사에 놀러 가서 인사까지 드렸다. (사장님과는 나쁘게 헤어지지 않아서 참 다행이라고 생각한다.)

어쨌든 이랬던 회사에서 퇴사를 하고 나니 내 바빴던 삶도 한순간에 조용해졌다. 게다가 바쁜 일상 속에서 취미생활도 그만둔 상태였기에 내 삶에서 도파민을 자극할 수 있는 취미생활은 틱톡이 유일했다.

"류라이를 좋아한다고? 취향 독특하네."
#류라이라서요

퇴사 후에는 정말 심심했다. 늘 일만 해서 친구도 없지, 할 일도 없지. 그림 그리고, 노래 부르던 나의 취미들은 전부 잊힌 지 오래였다. 그러다 보니 심심할 때마다 틱톡에 영상을 찍어 올렸다. 큰 계획이 있던 게 아니라 정말 심심해서 그냥 올렸다. 영상 업로드를 마친 뒤에는 틱톡 알고리즘이 자동 추천한 영상을 보며 스르르 잠들었다.

그러다가 우연히 뜬, 한 호스트의 틱톡 라이브. 틱톡에서 틱톡 라이브 기능이 새로 생겼을 때 나도 몇 번 해본 적은 있었다. 하지만 시청자가 많지도 않았고 딱히 재밌지도 않아서 그만뒀다. 그런데 어쩌다가 추천 피드에서 다른 틱톡커의 라이브 방송을 보게 되었고 문득 '나도 한 번 해볼까?'라는 생각이 들었다. 그렇게 나는 정말 아무 생각 없이 막연하게 라이브를 시작했다.

들어오는 사람들의 숫자는 물론 적었다. 많을 때는 스무 명? 적을 때는 한 자릿수. 오히려 사람이 적으니 라이브에 들어오는 사람들과의 소통이 수월했다. 채팅창도 천천히 올라갔고, 며칠 지나자 자주 들어오는 팔로워의 닉네임도 눈에 익숙해졌다. 그렇게 일주일 정도 꾸준히 라이브를 하다 보니 내가 라이브를 시작하면 귀신같이 알고 들어와서 인사해 주는 팔로워 친구들도 생겼다. 점점 틱톡의 라이브가 재밌어졌다.

라이브의 주제는 없었다. 그저 라이브에 들어온 팔로워들과 하루 종일 무엇을 했는지 수다를 떨었다. 그날 내게 힘든 일이 있었다면 누군지도 모르는 사람들에게 고민을 토로하며 힘들었다고 찡찡댔다. 화면 너머에서 날 보고 있는 사람들은 그런 나를 채팅으로 달래 주었다. 그게 너무 즐겁고 신났다. 2024년 10월에는 다니던 회사를 퇴사하고 일본인 남자친구와도 헤어진 직후였다. 더더욱 정신적으로 지쳐 있던 나였는데 그래서 그런지 더 라이브 방송에 집착했던 것 같다. 나는 채팅으로 나를 위로해 주는 익명의 사람들에게 점점 스며들어 갔다.

시청자 수는 점점 늘어갔다. 한 자릿수가 두 자릿수가 되고, 두 자릿수가 세 자릿수까지 뛰었다. 라이브를 진행하면서 '류씨집안'이라는 나의 팬덤명이 생기고, 어느 팔로워가 자발적으로 만들어 준 오픈 채팅방에서 수많은 팔로워들과 소통도 할 수 있게 되었다. 하지만 나는 그들의 사랑이 처음엔 의심스러웠다.

'아무것도 가진 것 없고 이쁘지도 않고 매력적이지도 않은 나를 대체 왜 좋아하는 거지? 나한테 따로 원하는 게 있는 건가?'

그들의 사랑을 의심했다. 그래서 늘 라이브 때마다 물었다.

"여러분들은 대체 나를 왜 좋아해요?"

그들의 대답은 다양했다.

"목소리가 좋아서요."
"얼굴이 이뻐서요."
"일본어를 잘해서요!"

그중에서 가장 눈에 띄는 대답은 바로, "류라이라서요"였다.

이해할 수 없었다. '류라이'라는 사람은 그저 만들어진 가상의 인물일 뿐이다. 얼굴도 전부 필터로 고쳐진, 실제로는 존재하지 않은 인물이다. 사람들은 내게 일본어를 잘한다고 했지만 당시 나는 열심히 번역기를 돌려가며 콘텐츠를 만드는, 실제론 일본어가 능숙하지 않은 '야매 일본어 능력자'였다. 류라이는 만들어진 가상 인물이다. 하지만 나를 좋아하는 친구들이 모두 나에게 말한다.

"류라이도 좋은데 유소희가 더 좋아요. 류라이가 유소희가 아니었다면 난 류라이를 좋아하지 않았을 거예요."

그 말을 듣고 사실 울컥했다. '류라이'가 아닌 '유소희'를 좋아해 주는 사람이 있다는 게 너무 고마웠다. 아무런 조건 없이 아무런 이유 없이 나를 좋아해 준다고? 이름도 모르는 누군가가 순수하게 나를 좋아해 준다는 건 정말 축복이라고 생각한다.

내 팔로워 중에서는 나를 거의 초창기부터 좋아해 준 친구가 있다. 그 친구는 초창기에는 사실 잘 기억은 안 나지만 어느 순간부터 내 영상에 댓글도 자주 달고 틱톡에 라이브 기능이 새로 생겼을 때도 종종 방송에 접속해 소통을 했던 친구다. 이 글을 쓰는 지금까지도 그 친구는 내 사진을 자신의 프로필 사진으로 저장해 놓은 채 나를 꾸준히 사랑해 주는 고마운 친구다. 아주 적은 숫자이지만 이렇게 채널 초창기부터 나를 진심으로 아껴 주는 친구들이 아직도 있다는 게 자랑스럽다.

며칠 전에는 인스타 디엠이 왔다.

언니, 저 언니 5년 전부터 좋아했던 ×××인데요. 그땐 초등학생이었는데 지금도 언니를 좋아하고 있네요. 늘 언니를 응원할게요!

솔직히 이 디엠 그냥 무시하고 넘기려고 했다. 워낙 거짓말하는 디엠들이 많아서 이것도 어그로성 디엠이겠거니 하고 넘기려던 찰나 과거의 디엠 내역이 보였다. 그 내역에는 정확히 2020년이라고 기록이 남아 있었다. 당시 그 친구는 나의 팬계를 운영했었고, 심지어 나에게 팬아트까지 선물했었다. 어떻게 아냐고? 내가 기억하는 친구였으니까. 심지어 나는 그 팬아트를 내 갤러리에 저장까지 해놓고 있었다. (지금까지도 스마트폰 갤러리에 고이 간직 중이다.)

2020년 당시 내 틱톡은 그저 흔히 유행하는 음원들의 립싱크 영상밖에 없었다. 보잘것없는 나를 좋아하며 팬계까지 만들고 팬아트와 팬영상도 만들어준 고마운 친구. 그 친구는 기억력이 금붕어인 나조차도 지금까지 기억하고 있는 정말로 고맙고 소중한 존재다. 그런데 프로필 사진과 닉네임이 바뀌어서 처음에는 한번에 알아 보지 못했고, 과거 디엠들을 보고 나서야 모두 기억이 났다. 정말 충격적이었다. 그리고 그 친구에게 다시 한번 진심으로 너무 고마웠다. 나는 진심을 담아 아주 긴 장문의 편지를 작성했다.

×××아, 안녕~! 너의 과거 디엠들을 보고 네가 누군지 난 금방 기억해 낼 수 있었어. 네게 이 디엠이 오고 나서 난 정말 놀랐어. 그리고 지금 난 너무너무 고마워. 5년이라는 세월 동안 인스타 피드를 보니 교복이 너무나도 잘 어울리는 성숙한 학생이 되었구나. 너도 나도 5년 동안 많이 변했는데. 5년 전에 너는 나의 무엇을 보고 정성껏 팬 활동을 해 줬을까? 난 아직까지 궁금하네. 그리고 5년이 지난 지금 잊지 않고 나에게 다시 이런 응원의 디엠을 보내 줘서 정말 고마워. 네 덕분에 잊고 있던 소중한 추억이 하나 다시 저장되었어. 공부를 잘하고 있

는 것 같아서 다행이다. 너의 미래를 난 늘 응원하고 있을게. 다시 한번 너무 고마워.

가끔 아가들이 나에게 "가장 기억에 남는 류씨집안 에피소드는 뭐예요?"라고 묻는데 나는 자신 있게 이 에피소드라고 이야기하고 싶다. 아, 그래서 답장은 어떻게 왔냐고? 그 친구와 나만의 비밀이다. 그 친구가 이 책을 보고 있을까? 그럴 리 없으려나. 뭐, 어쨌든. 그렇게 점점 소중한 추억을 공유하는 류씨집안 아가들이 늘어갔고, 나도 어느새 그 친구들에게 매료되어 갔다.

가끔 내가 힘들 때는 그 친구들이 나의 고민을 들어주고, 그 친구들이 힘들 때는 내가 그 친구들의 고민을 들어 주고. 이런 관계가 너무 즐겁고, 지금까지도 내 하루의 가장 소중한 마무리다. 그렇게 틱톡은 내 인생의 일부가 된 것 같다. 궁금하다. 나는 이런데 너희는 어떠니? 너희도 내가 너희 삶의 일부이려나?

"너와 나의 이야기는 여기까지야."
#디지털 서커스

앞에서 '토끼 경찰' 영상 이야기를 했는데, 내가 틱톡에서 주로 올렸던 콘텐츠는 '토끼 경찰' 같은 '목소리 콘텐츠'였다. 인기가 많은 짧은 영상 위에 내 목소리를 더빙해 만드는 방식이었다. 이런 콘텐츠에 대한 반응은 시간이 갈수록 확연히 달라졌다. 틱톡 초창기에 활동했던 첫 세대의 반응은 '신기하다!', '귀엽다!'와 같은 반응이었다. 두 번째 세대는 '얘 왜 이럼?', '개웃기네' 정도의 반응이었다. 마지막 세 번째 세대의 반응은 '역겨움', '우웩' 등이었다. 참고로 틱톡 세대의 기준은 내가 혼자 만든 것이니 참고만 하기 바란다. 내가 나눈 기준을 좀 더 설명하자면 이렇다.

첫 세대, 즉 1세대는 틱톡의 과도한 광고로 수많은 일반인들에게 틱톡이 미움을 받았던 시절 유입되었던 극소수의 사람들을 칭한다. 두 번째 세대, 즉 2세대는 틱톡 안에서 점점 립싱크와 패러디 등 중독적이고 자극적인 숏폼 콘텐츠가 유행하던 시절 유입된 보통의 사람들이다. 마지막 세 번째 세대, 즉 3세대는 틱톡이 결국 돈을 버는 수단으로 전락해 어른들의 온갖 상술로 물들어버린 상태에서 유입된 대다수의 사람들이다.

내가 느끼기엔 1세대 때의 틱톡이 가장 순수했다. 아무것도 모르는 사람들의 때 묻지 않은 순수한 영상들이 가득했기 때문이다. 2세대 때부터 이른바 도파민을 자극하고 폭발시키는 영상들이 인기를 얻기 시작했다. 순간의 어그로와 중독성 강한 밈들이 수많은 틱톡커와 사용자들을 빨아들였다. 사람들은 영상 안에서 끝없이 도파민을 폭발시켰다. 못생긴 사람이 하루아침에 변신해 이뻐지는 '반전 영상', 그러한 반전에 슬로우 효과를 가해 극적으로 재미를 더한 '슬로우 영상' 등이 점점 유행으로

번졌다.

　2세대 때의 이런 트렌드가 점점 도를 넘어 위험한 수준에 이르자 결국 3세대 때는 도파민 자극을 넘어 사회적 문제까지 일으키는 영상들이 넘쳐나게 됐다. 자극적인 영상은 그 자체로 끝나는 게 아니다. 그 영상에 달리는 수많은 댓글들 역시 누가 더 큰 관심을 받고 어그로를 끄는지 '자극의 끝'을 향해 경쟁하듯 달려갔다.

　물론 나는 어디까지나 영상 분석가도 아니고 엄청난 지식을 쌓은 전문가도 아니다. 그냥 오랜 시간 꾸준히 틱톡커로 활동하면서 몸에 새겨진 자연스러운 느낌을 말하는 것일 뿐이다. 하지만 그래서 더욱 이 감상이 정확하지 않을까? 다른 플랫폼은 경험해 본 적이 없어서 나도 잘 모르겠지만 지난 5년간 틱톡을 해 온 내가 느낀 바로는 그렇다. 아무튼 내 목소리 콘텐츠에 대한 반응은 세대에 따라 달라졌고, 이제는 '오글거린다', '역겹다'와 같은 공격적이고 부정적인 반응이 기본값이 되어버렸다.

'토끼 경찰' 콘텐츠에 이어 내 틱톡 인생(?)에 새로운 전성기를 가져다 준 콘텐츠는 바로 '디지털 서커스' 더빙 콘텐츠다. 당시 틱톡에서 큰 인기를 끌었던 '디지털 서커스'라는 더빙 영상을 참고해, 똑같은 대사를 류라이 버전의 각 잡힌 목소리로 읊어 만든 콘텐츠였다. 사실 나는 이 영상의 원본 영상을 처음 보자마자 울컥했다.

자, 우리들의 이야기는 여기까지야.
나와 함께한 여행은 어땠어?

아는 사람들은 알겠지만 내 삶의 목표는 죽음이다. 이 대사를 듣고 나는 내가 죽기 전에 나의 주변 사람들에게 이 문장 그대로 묻고 싶어졌다. "자, 너와 나의 이야기는 여기까지야. 나와 함께한 시간은 어땠어?" 그들의 입에서 "즐거웠어", "행복했어" 같은 긍정적인 말들이 나올까? 그런 말을 해 주기를 원하는 마음으로 천천히 대사를 읊었다. 이렇게 류라이 버전의 '디지털 서커스' 영상이 탄생했다. 이번에도 댓글은 여러 가지로 나뉘었다.

"언니, 저 이 영상 보고 울었어요."

"너무 위로가 되네요."

"나 왜 눈물이 나지…."

이런 공감의 댓글이 달렸고,

"우엑, 오글거려."

"왜 저러고 살까?"

"안 창피한가?"

이런 부정적인 반응들도 가득했다.

나는 영상을 찍을 때 언제나 진심이다. 단 한 번도 가식을 부려 본 적이 없다. 어떤 사람들은 내가 오글거리게 찍었다고 까지만 나는 늘 진심이었다. 내 진심이 누군가에게는 꼭 닿을 것이라 생각하며 영상을 찍는다. 물론 대부분 아무에게도 내 진심이 닿지 않고 그저 오글거리는 영상으로 박제되어 떠돌아다니는 게 현실이지만. 그래도 상관없다. 열 사람 중 한 사람쯤은… 그 누군가에겐 위로가 되었을 테니까.

"내 정신병을 치료해 준 그들에게."
#류씨집안 아가들

말도 많고 탈도 많았던 틱톡이었지만, 그래도 내게 남은 소중한 선물이 있다면 일명 '류씨집안 아가들'이 있을 것이다. 류씨집안 아가들과는 정말 많은 일이 있었다. 나를 사랑해 주는 아가들뿐만 아니라, 내 영상에 늘 좋지 않은 댓글을 다는 '악플러'들과도 다양한 에피소드가 있었다. 아가들은 나를 아끼는 만큼 악플러들과도 거세게 충돌했다. 그렇게 댓글창에서 나를 변호하느라 싸우는 모습을 볼 때마다 괜히 아가들에게 너무 미안해진다.

나는 아가들에게 '팬'이라는 명칭을 잘 사용하지는 않는다. 내가 아가들을 '팬'이라고 불러버리면 뭔가 선을 긋는 느낌이 들기 때문이다. 물론 방송 중에 팬이라는 말을 가끔 쓰긴 하지만 되도록 팬이라는 단어를 쓰지 않으려고 노력한다. 사람들은 늘 나에게 묻는다.

"넌 인플루언서야, 틱톡커야? 넌 직업이 뭐야?"

내 정확한 직업은 휴학생이다. 대학교를 잠시 쉬고 있는 휴학생. 이건 직업은 아니니까 그냥 신분이라고 해 두자. 여기에서 대학교라는 조건을 빼면 그냥 '백수'일 뿐이다. 이런 질문도 정말 많이 받았다.

"그럼 넌 왜 직업을 틱톡커라고 인정하지 않아?"

그 어느 누가 "직업이 뭐예요?"라는 질문을 들었을 때 "저 틱톡커인데요"라고 떳떳하게 말할 수 있겠는가? 왜냐하면 틱톡커라는 단어는 말 그대로 틱톡을 하는 모든 사람을 지칭하기 때문이다. 그러니까 전 세계에서 손으로 꼽을 수 있는 초상위권 틱톡커가 아닌 이상 틱톡커 자체만으로는 직업이 될 수 없다고 생각한다. 하지만 나는 사람들에게 나를 소개할 때 틱톡커라고 말한다. 왜? 나도 '틱톡을 하는 사람' 중 한 명이기 때문이다. 다만 이게 직업이 될 수는 없다고 생각한다는 것뿐이다. 틱톡은 그저 취미일 뿐이다.

    1분짜리 짧은 영상을 만드는 일은 누구나 할 수 있는 취미의 일부이다. 그런데 이 간단한 취미 활동으로 나를 좋아하는 사람들이 생긴다? 이건 정말 기쁜 일이다. 그런데 그런 기쁨을 준 사람들과 나의 관계를 단순히 팬과 틱톡커의 관계로 정리할 수 있을까. 내게 류씨집안 아가들이 결코 팬이 될 수 없는 이유가 바로 이것이다. 그들은 팬이라는 단어 하나로 표현할 수 있는 가벼운 존재가 아니다. 물론 최애를 얼마나 사랑하느냐에 따라 팬이라는 단어에도 가볍지 않은 뜻이 담길 수 있겠지만 말이다. 나를 향한 그들의 사랑이 무거운만큼 나 역시 그들을 무겁게 사랑한다. 그래서 류씨집안 아가들은 내 삶에서 가장 무거운 존재들이다.

실제로 나는 아가들에게 도움을 굉장히 많이 받았다. 힘든 일이 있으면 아가들이 보내 준 장문의 편지들을 읽는다. 네이버 카페에서, 인스타그램과 틱톡의 디엠으로 아가들의 정성 가득한 글들을 읽으면 '그래, 오늘도 살아보자'라는 힘이 난다. 공개 댓글창에선 모두 나에게 "정신병원에 가서 치료 좀 받아야 할 것 같은데?", "상태가 너무 심각해요" 등등 막말과 폭언을 쏟아낸다.

내가 병원을 안 가 봤겠는가? 중학생 때부터 심리치료를 비롯해 별별 치료를 다 받아 봤고 약이란 약은 전부 먹어 봤다. 하지만 전부 소용이 없었다. 오히려 부작용만 낳을 뿐이었다. 약의 부작용으로 잠은 쏟아졌고, 의사의 치료는 반항심을 불러 와 오히려 나를 더 삐뚤어지게 만들었다.

지금 나에게 가장 도움이 되는 건 류씨집안 아가들이 보내주는 디엠들이다. 읽지 못한 디엠들도 정말 많이 쌓였다. 하나하나 다 읽기엔 너무 많이 쌓여 버렸지만 오랜 시간이 지나더라도 전부 놓치지 않고 확인하고 싶다. 아가들은 내가 현실에서 갖지 못한 친구 같은 존재들이다. 어떤 사람들은 이런 나를 보며 "정신연령이 낮으니까 인터넷 안에서 초딩들이랑만 놀면서 만족하는 거지~"라며 또 나를 비꼰다.

내가 정신연령이 낮다고? 뭐, 부정하진 않겠다. 하지만 어쩌겠는가. 내가 그들과 라이브 방송을 하며 웃고 떠들면 마음이 편안해진다는데. 내가 편안해지는 방법을 찾아 내 마음을 안정시킨다는 게 잘못된 건 아니잖아? 명문대를 졸업하신 수많은 의사 선생님들도, 그들이 처방해 준 온갖 약들도 해결하지 못한 내 정신병을 그들이 일시적으로나마 치료해 줄 수 있는데.

그리고 류씨집안 아가들은 재능이 넘친다. 그림 실력이 뛰어난 친구, 피아노를 엄청나게 잘 치는 친구, 작사와 작곡에 멋진 재능이 있는 친구, 리더십이 특출나게 좋은 친구, 목소리가 곱고 이쁜 친구…. 갖은 재능이 넘치는 친구들이 너무 많이 모여 있다. 그런 재능들을 뽐내며 나를 위해 무언가를 준비해 자랑스럽게 보여줄 때마다 감격스럽다.

난 늘 류씨집안이라는 존재에 감동을 받는다. 그림을 잘 그리는 친구는 나를 위해 팬아트를 그려 주고, 작사와 작곡을 할 줄 아는 친구는 나를 위해 음악을 만들어 주고, 영상 편집에 재주가 있는 친구는 나를 위해 팬영상을 제작해 주고, 악기를 다루는 친구는 나를 위해 연주를 해 주고, 노래를 잘 부르는 친구는 나를 위해 직접 개사한 서프라이즈 노래를 불러 준다.

난 정말 복에 겨운 사람이 맞는 것 같다. 이렇게 재능이 많고 뛰어난 능력을 가진 친구들이 아무 이유 없이 나를 좋아해 주고, 아무 대가 없이 무언가를 해 주니까 말이다. 나는 정말 행복한 사람이다.

"인간이길 포기하진 않을게. 나름대로 노력해 보겠음."

#꿈

꿈이라는 단어를 들으면 어떤 생각이 들까? 꿈이라고 하면 흔히 직업을 생각할 것이다. 나의 꿈? 초등학생 때 꿈은 판사였다. 중학교에 올라가선 예능 프로그램을 만드는 PD로 바뀌었고, 고등학생이 된 뒤에는 뮤지컬 배우로 바뀌었다. 지금은? 돈 많은 백수가 꿈이다. 하지만 여기서 말하고 싶은 '꿈'은 이런 '직업'의 꿈들이 아니다. 정말 되고 싶은 '나 자신'이랄까? 나의 인생 목표는 아는 사람들은 전부 알 테지만 '남에게 피해를 끼치지 말자'이다.

아가들은 나에게 묻는다.

"언니, 언니는 왜 틱톡 광고 잘 안 받아요? 언니 같은 사람이 광고 많이 받으면 그래도 용돈벌이는 되지 않아요?"

맞는 말이다. 실제로 광고 제안, 공구 협찬 제안이 정말 많이 들어온다. 하지만 왜 하지 않을까? 혹시나 그 광고가 누군가에게 피해를 줄 수도 있을까 봐 두렵기 때문이다. "그게 광고를 안 받는 거랑 무슨 상관이에요?"라고 묻는다면. 광고라는 것은 돈을 받고 어떤 제품을 홍보해 주는 일이다. 그런데 혹시나 그 제품의 품질이 좋지도 않은데 돈을 받았다는 이유만으로 단점을 숨기고 장점만 부각시켜야 한다면 그건 거짓말과 다름이 없을 것이다.

만약 내 영상을 보고 해당 제품을 구입한 소비자가 있다면 분명 그 제품의 단점을 알게 될 것이다. 그 단점을 알리지 않은 나 때문에 그 사람은 품질이 안 좋은 제품에 소중한 돈을 지불한 것이니 내 책임도 크다고 본다. 결국 모두에게 피해를 끼친 것이다. "류라이 믿고 샀는데 이거 너무 안 좋네요"라는 댓글이 달릴 것을 생각하면 상상만으로도 너무 두렵다. 그래서 광고를 함부로 받지 않는 것이다.

누군가가 나를 믿고 어떤 제품을 구입해 준다는 것은 나에 대한 신뢰가 정말 크다는 뜻이다. 그런데 그 믿음이 광고 영상 하나로 거품처럼 사라진다면 얼마나 슬프겠는가. 생각만으로도 겁이 난다. 늘 이런 게 무서워서 조심스럽게 행동했다. 그리고 류씨집안 아가들에게 자랑스러운 류씨집안 맏언니 류라이가 되고 싶었다.

다른 사람들 앞에서 당당히 "나, 류라이 좋아해!"라는 말을 외쳐도 손가락질을 받지 않는 사람으로 만들어 주고 싶었다. 하지만 지금은 그렇지 못한 것 같아서 속상하다. 아가들에게 너무 미안하다. 아가들에게 가끔 이런 연락이 온다.

"언니, 저 언니 팬영상 하나 만들었더니 댓글에서 어떤 사람이 언니한테 욕하면서 저한테까지 욕했어요."

이런 디엠을 받으면 마음이 좋지 않다. 순전히 나를 좋아하는 마음에 그저 팬영상을 제작해 틱톡에 올렸을 뿐인데 그 이유 하나만으로 놀림을 당했다는 사실이 너무 미안하다. 자랑스러운 언니는 되지 못할망정 창피한 언니가 되어버린 것 같아서.

이런 질문도 받는다.

"류라이, 너는 네 스스로가 부끄럽지 않냐?"

이 부분은 당당히 이야기할 수 있다.

"전혀 부끄럽지 않다."

나는 내가 공부를 잘하지 못했던 것도, 과거에 70kg에 육박했다는 것도, 일본어 가사의 노래를 좋아하는 것도, 맨날 귀여운 척하며 영상을 찍는 것도 전혀 부끄럽지 않다. 그 무엇 하나도 창피하지 않다.

애초에 부끄러웠다면 그런 영상들을 찍을 생각도 못 했을 것이다. 그래서 나는 숨기지 않고 영상에서 마음껏 뽐낸다. 하지만 그걸 보는 사람들의 반응은 좋지 않다. "언니, 노래 너무 잘 불러요!"라는 댓글에는 늘 "으~ 류씨 집안 류라이 엄청 빨아 주네", "님 귀 어떻게 됐음? 병원 가보셈" 같은 대댓글들이 달린다. 순수한 마음으로 나를 칭찬해 준 아가를 위해 이런 대댓글은 모두 지우지만, 그러면 또 곧장 새로운 대댓글이 달린다.

"류라이 댓글 관리 엄청 열심히 하네. ㅋ"

나에게 하는 비난과 조롱은 상관없다. 내가 갖고 가면 되는 거니까. 하지만 나를 좋아해 주는 친구들에게 가해지는 비난과 조롱은 참기 힘들다. 그 친구들의 마음에 상처를 주고 싶지 않다. 특히 놀림을 당하는 이유가 '류라이를 좋아하기 때문'이라면 더더욱 말이다. 어떻게 하면 그 친구들을 지킬 수 있을까 늘 고민한다.

그러려면 일단 나를 좋아해 주는 류씨집안 아가들에게 나 스스로가 부끄러운 사람이 되어선 안 된다. 그래서 내가 생각하는 지금 나의 꿈은 이것이다.

'그들에게 부끄러운 언니가 되지 않는 것.'

하지만 방법을 제대로 알진 못한다. 어떻게 하면 아가들에게 부끄럽지 않은 류라이가 될 수 있을까. 아직은 잘 모르겠다. 그저 나를 좋아해 주는 친구들이 나를 부끄러워하지 않는 것. 이게 지금 나의 꿈이자 목표이다. 내 꿈을 말하고 나니 문득 궁금하다. 아가들은 어떤 꿈이 있는가? 혹시 그 꿈을 내게 들려줄 수 있는가?

"어느새 내 주변에는
아무도 남아 있지 않게 되었다."

'인간불신'.

사람은 워낙 지능적이기에
함부로 믿어선 안 된다.

뉴스에서는 혈육과도 갈등이 생기고,
짐승만도 못한 행동을 하는 사람들이
수두룩 빽빽한데

어떻게 이런 세상에서
사람을 '신뢰'할 수 있겠는가?

좋아했던 사이도 금세 싫어지고
사랑했던 사이도 배신감만 남아
서로에게 상처만 주는

이 각박한 세상 속에서
살아남기 위해 내가 생각한 것은

'혼자가 되는 것'이다.

"아냐, 집 밖에 나가기 시러 시러."
#인간불신론자

나는 사람에게 잘 휘둘린다. 내 틱톡 댓글창을 보면 유독 이런 내용이 많다.

"언니, 사기 잘 당하실 것 같아요."

예전엔 그랬다. 하지만 지금은 아니다. 지금의 나는 '인간불신론자'다. 사람을 믿지 않는 사람이 어떻게 사기를 당하겠는가. 나는 디엠으로 제안을 받을 때마다 내가 생각하기에 조금이라도 조건이 너무 좋아 보이면 그냥 다 읽지도 않고 차단해 버린다.

나는 모든 사람을 의심한다. 나를 좋아해 주는 사람조

차도 의심한다. 예외는 없다. 아, 예외가 있다. 재미있게도, 나를 아무 이유 없이 단순하게 싫어하는 사람들은 의심하지 않는다. 이유는 모르겠다. 어차피 나를 싫어하니까 나도 그 사람들에게 아예 관심이 없어서 그런 걸까? 의심을 포함해서 1도 감정을 느끼지 않는다. 하지만 나를 좋아해 주는 사람들은 되레 의심한다.

'나에게 원하는 게 있나?'
'왜 나를 좋아하지?'
'이러다 나를 안 좋아하게 되면 어떻게 하지?'

상대방이 친절을 베풀면 의심한다.

'분명 나에게 원하는 게 있을 거야.'
'무슨 꿍꿍이가 있을 거야.'

아무런 일이 생기지 않아도 의심한다.

'이렇게 친절하게 해 주다 나중에 한꺼번에 사기를 치려는 것은 아닐까?'

끊임없이 의심하다가 결국 나중에 친해지게 되면 내 모든 면을 숨김없이 드러낸다. 상대에게 한번 신뢰가 쌓이면 거의 충성하듯 상대방을 믿어버리는데…. <u>(이게 조금 부작용이긴 하다.)</u> 하지만 돈 앞에선 그 어떤 예외도 없다. 아무리 상대방에 대한 믿음이 커도 돈만큼은 빌려주지 않는다. 물론 내가 인생 사는 데 문제가 없는 선에선 자유롭게 요구를 들어 주지만, 조금이라도 무리한 부탁이거나 미래의 나에게 부담이 될 것 같은 부탁이라면 무조건적으로 거절한다. 내가 피해를 겪는 건 그나마 괜찮은데, 내 가족이나 주위 사람들까지도 위험이 번질 수 있기 때문이다.

그리고 이런 곤란한 부탁을 한두 번 들어 주다 보면 나는 내게 부탁을 한 사람과의 관계의 끝이 자연스럽게 보인다. 물론 그 끝은 좋지 않다. 그 사람과의 관계가 안 좋게 끝나는 것을 막기 위해서라도 나는 돈과 관련한 누군가의 부탁을 아주 신중하게 생각한다. 돈은 내 인생에서 정말 중요하다. 모두 나에게 말한다.

"류라이, 너 딸기 사 먹을 돈 아껴서 제발 자기관리 좀 해라."

사람들은 돈에 대한 내 관념이 바뀌어야 한다고 지적한다. 나는 먹는 것에 대해서만큼은 돈을 아끼지 않는다. 이런 생각은 모두 어렸을 때부터 엄마에게 배운 것들이다. 지금까지 커 오면서 먹을 것에 돈을 아껴본 적은 거의 없다. (그런데 배달 음식은 잘 먹지 않는다. 배달비가 너무 비싸기 때문이다. 차라리 포장을 선호한다.) 요즘에는 직접 만들어 먹으면 먹을 수 있는 양이 정말 많아지기에 포장 음식도 잘 주문하지 않게 됐다.

몇만 원짜리 딸기는 잘도 사 먹으면서 화장품이나 옷 같은 나를 꾸미는 데 쓰는 돈에는 까다롭게 제한을 둔다.

옷은 늘 5000원 이하짜리만 산다. 중고도 좋고, 언니나 엄마가 입다가 버리는 옷들을 주워 입기도 한다. 그래서 내 옷장에는 새 옷이 거의 없다. 내가 성격이 워낙 덜렁대서 우당탕거릴 때마다 아빠는 "네가 맨날 중고로 옷을 사 입으니까 귀신이 붙어서 그래! 제발 중고로 옷 좀 사지 마!"라고 하실 정도로 우리 가족은 중고 옷을 사는 나를 극혐한다.

딸기에 쓰는 5만 원은 '어쩔 수 없지. 그래도 먹고 싶으니까' 하면서 가볍게 사는 나지만, 네일아트가 5만 원이라고 하면 '에이, 그냥 안 받고 말지' 하며 쉽게 포기한다. 내 한 달 지출액에서 식비는 대략 98%를 차지한다. 나머지 2%는 문화비와 엄마에게 내는 우리집 월세나 공과금 등등? <u>(정확히 계산해 본 건 아니고 대충 느낌만으로 따졌을 때 그렇다는 것이다. 그런데 아마 거의 정확할 것이다. 만약 직장 등 사회생활을 시작한다면 교통비 때문에 비율이 조금 달라지겠지만 큰 변화는 없을 것 같다.)</u>

먹는 데 돈을 아끼지 않는 습관의 진짜 부작용은 먹는 것을 제외한 분야에 지나치게 돈을 아끼게 된다는 것이다. 화장품 사는 돈도 아까워서 1년에 한 번 살까 말까 할 정도고, 유통기한이 지나도 그냥 아무렇지 않게 쓰는 편이다. 네일아트, 속눈썹 연장, 피부 관리? 물론 하고 싶지만 절대 하지 않는다. 내 영상을 본 사람들이 옷 정보를 물어 보면 늘 나는 "당근이요…"라고 대답한다. 구입한 나도 내 옷의 출처를 알지 못한다. 그래서 난 다이소를 무진장 애정한다. 이런 나와는 반대로 우리 오빠는 종종 값비싼 명품을 구입한다. 그런 오빠에게 내가 잔소리를 할 때마다 우리 부모님은 오히려 내게 이렇게 말씀하신다.

"너처럼 1000원짜리 계속 사다 수도 없이 잃어버려서 다시 사는 값이나, 네 오빠가 명품 하나 사는 값이나 아마 계산해 보면 똑같을걸?"

곰곰이 생각해 보니 틀린 말은 아닌 것 같다. 그래서

사실 그 뒤론 다이소도 잘 가지 않게 되었다. 장을 볼 때도 동네 마트들의 전단지를 뒤져서 가장 싼 물건을 파는 곳에서 매번 다르게 구입했고, 사용하지 않는 물건들은 당근에 팔아가며 짭짤하게 돈을 벌기도 했다.

솔직히 교통비도 아까워서 학교에 다닐 때는 언제나 걷거나 자전거를 탔다. 교통비 1500원을 아끼면 그날 아이스크림이나 음료수나 과자 하나를 사 먹을 수 있는데! 이렇게 생각하며 늘 운동 삼아 걸어 다녔다. 열심히 걸은 나에 대한 보상으로 늘 똑같은 마트에 들러 날마다 다른 과자를 하나씩 입에 물고 신나게 또 걸었다.

고딩 때는 버스를 타도 40분이나 걸릴 정도로 통학 거리가 멀어서 걷진 못했지만, 대학교는 상대적으로 거리가 가까워서 아침을 든든히 먹고 늘 여유롭게 출발해 걸어서 등교를 했다. 가끔은 자전거를 타기도 했고. 지금도 1~2시간 거리는 가볍게 걸어 다닌다. 물론 돈을 아끼려는 목적만 있는 건 아니다. 걷는 걸 워낙 좋아하기도

하고 산책하듯 걸으며 주변을 돌아보며 주변 풍경을 외우는 것을 좋아한다. 그래서 한번 걸어서 간 길은 잘 잊어버리지 않는다.

가장 오래 걸었던 거리는 서울에서 경기도까지 왕복으로 걸어 다녔을 때다. 이때는 교통비도 교통비지만 다이어트가 더 큰 목적이었다. 나는 살을 뺄 때는 지하철이든 버스든 교통수단은 아예 이용하지 않았다. 당시 아빠 회사가 경기도에 있었는데 왕복 6시간 거리를 항상 걸어서 이동했다. 처음엔 엄청 힘들었지만 그 힘듦이 전부 살이 빠지는 과정이라고 생각했다. 홀쭉해진 나를 생각하며 룰루랄라 신나게 걸었던 추억이 떠오른다. 그리고 늘 '대단하다'며 입이 마르도록 칭찬해 주신 아빠의 응원도 한몫했다.

아무튼 나는 정말 맹목적으로 돈을 아끼려고 수많은 노력을 했고, 갓 성인이 되었을 때는 동시에 4개의 아르바이트를 뛰며 돈을 벌었다. 그 덕분에 다행히 지금의 '백수 휴학생 생활'이 유지될 수 있을 만큼의 돈을 모아났다. <u>(물론 백수 생활 수개월째인 지금은 간당간당하지만.)</u> 알바만으로 꽤 짭짤하게 돈을 벌었을 때만 해도 평생 '알바 인생'을 살아도 나쁘지 않을 것 같다고 생각했는데, 얼마 뒤 무리한 노동으로 망가진 내 몸을 보자 그런 마음을 단념했다. 허리는 디스크가 튀어나왔고, 몸 안의 장기들도 제 기능을 수행하지 못해 늘 말썽이다. 조금만 뛰어도 숨이 가쁠 정도로 최약체가 되어버렸다. <u>(그땐 정말 '하드한 스케줄'이었는데... 그저 젊어서 가능했다는 것을 새삼 깨닫는 중이다.)</u>

모아둔 돈이 거의 다 떨어진 지금은 '앞으로 뭐 해 먹고 살지?'라는 고민으로 하루하루를 막연한 불안 속에서 살고 있다. 세상의 모든 것은 돈이다. 취미에도, 인간관계에도 돈이 든다. 어른들 말씀처럼 움직이면 돈이다. 배가 고파서 가스 불을 켜면 가스비가 나가고, 밥을 다 먹고 설거지를 하려고 하면 수도 요금이 나간다. 친구와 약속이 생겨서 외출이라도 하게 되면 교통비, 외식비, 문화생활비, 쇼핑비 등 지출이 발생한다. 인간관계 자체가 내겐 엄청난 스트레스라서 사람과의 관계를 끊은 것도 있지만 사실 가장 큰 이유는 역시 돈이었다. 지금 내 마인드는 이렇다.

'어차피 밖에 나가지만 않으면 돈 쓸 일 없는 왜 나감? 그것도 사람한테 스트레스까지 받아 가면서?'

이렇게 살다 보니 어느새 내 주변에는 아무 친구도 남아 있지 않게 되었고, 세상과의 소통은 정말 틱톡만 남겨둔 채 정말 조용히 혼자 살아가는 히키코모리가 되어 있었다.

"이번 생 목표: 남한테 피해 안 주고 혼자 조용히 살아가기. 끝."

#무단 도용 사건

나는 책임을 지는 것이 너무 싫다. 두렵다. 예전부터 해왔던 어떤 광고들도 이제는 아예 끊어버리고 더 이상 받지 않고 있다. 내 채널이 초창기였던 과거에는 나를 진심으로 좋아하는 사람들보다는 알고리즘 추천으로 우연히 채널에 방문한 사람들이 더 많았기 때문에 사실 큰 신경을 쓰진 않았다. 게다가 조회수도 지금보다 훨씬 낮았다.

하지만 지금은 다르다. 지금은 나를 진심으로 좋아해 주는 친구들이 생겼다. 나를 믿고 내 영상을 하루에 한 번씩 무조건적으로 봐주는 친구들이 생겼다. 응원의 댓글까지 하나하나 적어주는 류씨집안이라는 아가들이 생겼다. 만약 내가 아무런 생각을 하지 않고 광고를 진행했다면 혹시라도 생길지 모르는 피해는 고스란히 나를 믿고 있는 아가들에게 갈 것이다. 그래서 나는 광고를 함부로 하지 않는다.

이런 일도 있었다. 한 1년 전쯤에 팔로워 숫자가 2만 5000명 정도일 때였다. 그때는 광고를 여러 차례 진행했다. 광고비는 보통 '영상 1개당 얼마' 이런 식으로 책정이 되는데, 당시엔 채널 규모가 너무 작아서 지금은 상상할 수도 없는 정말 적은 금액을 받았다. 그냥 용돈을 벌기 위해 깊은 고민 없이 진행한 광고였다. 아까도 말했지만 그때는 지금과 같은 류씨집안 아가들이 형성되기 전이었고 어쩌다 우연히 방문하는 사람들만 있을 때였다. 그래서 오히려 큰 부담 없이 광고를 진행할 수 있었던 것 같다.

그런데 2025년 이 글을 적고 있는 최근, 그때 진행했던 광고 영상이 인스타그램 광고로 돌아가고 있는 것이 아닌가. 벌써 몇 년이나 지났는데 말이다. 심지어 이 사실을 내가 발견한 것도 아니었다. 나는 전혀 모르고 있었는데 어느 날 갑자기 내 틱톡 계정에 이런 댓글이 올라왔다.

언니, ○○○ 광고 잘 봤어요~!
언니~ 광고 찍으셨어요?

이런 댓글이 엄청나게 많이 달렸고 비슷한 내용의 디엠도 쏟아졌다. '응? 나는 최근엔 광고 자체를 찍은 적이 없었는데?' 심지어 아가들이 말하는 제품이 뭔지도 몰랐다. 그래서 처음엔 그냥 어그로라고 생각하고 넘겼다. 그러다 인스타그램 피드들을 넘기다가 우연히 해당 제품의 광고 영상을 발견했다. 내가 과거에 용돈벌이 삼아 찍었던 틱톡 광고 영상이 버젓이 인스타그램에서 브랜드 광고로 사람들에게 노출되고 있었다. 충격이었다.

디엠은 계속 쏟아졌다.

언니, 그 제품 사 보려고 하는데 정말 좋아요?
언니가 광고하는 거 저 샀어요! 이것 봐요!

화가 났다. 내게 말도 없이 무단으로 광고를 돌린 제품의 해당 업체에 당장 이메일을 적어 보냈다. 그리고 그 광고를 의뢰했던 광고회사 사장님에게도 전화를 걸었다. 계속 따졌다. 3일 만에 광고를 내렸다는 연락을 받았다. 나에게 너무 미안하다고 했다. 하지만 이미 물은 엎질러졌는데? 내 광고를 보고 그 제품을 산 사람이 벌써 나타났다는 게 너무 속상하고, 무서웠다.

대체 무슨 생각으로 내 영상을 동의도 구하지 않고 멋대로 사용한 걸까? 그 사람들에게 분노가 차올랐다. 광고회사 사장님은 내게 말했다.

"원래 이런 경우는 잘 없는데…. 어쩌다 이런 일이 생긴 건지 모르겠네요. 저희가 다 죄송해요."

알고 보니 그 제품 브랜드 업체가 광고회사 몰래 단독으로 진행한 일이었다.

'내 얼굴로 홍보된 제품인데 나를 믿고 산 사람들이 혹시라도 불만을 가지면 어떻게 하지? 나에게 배신감을 느끼면 어떻게 하지? 내게 실망하고 나를 떠나면 어떻게 하지…'

별별 생각이 다 들었다. 한 일주일은 정말 잠에 드는 게 힘들었다. 광고를 전부 내렸다는 연락도 사실 믿을 수 없었다. 어딘가에서 계속 광고가 돌아가고 있을 것만 같았다. 의심은 쉽사리 풀리지 않았다.

내게 책임이라는 건 너무나 무거운 존재다. 어떤 사람은 이렇게 말한다.

"너는 광고에 출연만 했을 뿐이잖아. 네 책임도 아니니까 부담 갖지 마."

정말? 내 채널에서 광고를 했고, 내 채널을 구독하는 아가들에게 노출된 광고인데 정말 내 책임이 아니라고?

아무에게도 피해를 주고 싶지 않다. 그냥 혼자 조용히 살아가고 싶다.

"가벼운 병은 굳이 병원에 안 가도 된다구!"
#병원비

부모님의 사랑은 정말 강하시다. 그리고 자식에 대한 책임감도 정말 강하시다. 자식에 대한 사랑, 서로에 대한 사랑도 정말 강하시다. 좋은 일이 생기면 언제나 본인보다는 서로를 먼저 생각하시고 자식인 우리를 먼저 생각하신다.

    그걸 내가 어떻게 아냐고?
    지금껏 함께 살아 왔으니까.
    난 그걸 전부 느꼈으니까.

    그리고 굉장히 칼같으시다. 자식들을 바른길로 인도하고자 어떤 영역에 대해서는 날카로운 칼처럼 냉정하고 엄격하시다. 예를 들면 내가 컴퓨터를 사달라고 졸랐을 때.

"컴퓨터야 사 줄 수 있지. 하지만 그러면 너는 밤새 게임을 할 테고 그렇게 되면 네 정신적인 건강은 피폐해지고 생활 패턴은 엉망이 되겠지. 나는 자식이 스스로 망가지는 꼴을 볼 수 없고, 자식을 망치는 소비를 절대 할 수 없어."

이런 느낌이랄까? 아무리 애교를 부리고 떼써도 부모님은 결코 지갑을 열지 않는다. 그래서 틱톡에서 "라이님, 백수인데 그렇게 부모님 등골 빼 먹으며 사시는 거 창피하지 않으세요?"라는 댓글이 달렸을 때 가장 웃겼다. 등골? 빼 먹을 수 있으면 빼 먹고 싶네요….

지금 내가 부모님에게 받는 생활비는 오직 '병원비'뿐이다. 그 병원비도 내가 병원을 잘 가지 않아서 거의 들지 않고 있다. (가야 하는데 그냥 돈이 아까워서 안 가고 있다.) 그러므로 내게 드는 생활비는 혼자서 감당하고 있다고 보면 된다. 아, 물론 가끔 장을 보러 갈 때 부모님이 내가 먹을 것들도 함께 결제해 주시곤 해서 완전히 혼자 감당하고 있다고는 말할 수 없다.

참고로 나는 집에 매달 '월세'를 내고 있다. 월세를 빙자한 생활비랄까? 물론 나뿐만 아니라 쌍둥이 오빠도 함께 내고 있다. 이 돈은 부모님이 달라고 한 것은 아니고, 그저 딸이 안정적인 직업을 구할 때까지 책임감을 가지라며 부과하신 최소한의 압박감이다. 그래서 아무 불만 없이 납부(?)하고 있다.

"어차피 월세를 내는 것이라면 그냥 밖에 나가서 혼자 살지, 왜 돈까지 내면서 본가에서 사세요?"라고 묻는 사람이 있을 것이다. 일단 대답하자면 밖에 나가서 내야 하는 월세보다 본가에 내는 월세가 훨씬 싸다. 독립을 하게 되면 전기 요금, 관리비, 수도 요금 등등 내야 할 게 산더미처럼 많아질 것이다. 아마 알 사람들은 다 알 것이다. 부모님은 내게 이렇게 말씀하셨다.

"성인이 되었으면 돈을 벌 수 있는 나이이므로 돈을 내며 살아라. 네가 지금 백수든 뭐든 그건 너의 선택이니 뭐라고 할 순 없다. 하지만 생활을 위해 내야 하는 돈은 내야 한다. 그러면서 백수 짓을 하든 틱톡을 하든 네 마음대로 해라."

아무튼 나는 백수 생활을 하면서도 월세는 꼬박꼬박 내고 있다. 하지만 이런 부모님도 자식들이 한 푼도 돈을 못 벌었던 학생 시절에는 아낌없이 지원을 해 주셨다. 다니고 싶은 학원이 있다면 무조건 등록시켜 주시고 필요한 학용품이 생기면 무조건 사 주셨다. 열심히 공부시켜 놨더니 쌍둥이 아들딸 둘 다 대학을 예체능으로 가겠다고 선언했을 때도 "너희가 결정한 거니까 무조건 지원해 줄게. 그 대신 나중에 후회한다고 해도 너희를 탓해야 한다"라고 말씀하시며 학원비를 납부해 주셨다. 참고로 나는 방송연예과, 오빠는 실용음악과를 지원했다. 게다가 우리는 쌍둥이라서 무엇이든지 다 금액이 두 배였다. 스마트폰을 사더라도 공평하게 두 개를 사야 했고 자전거를 사더라도 두 대를 사야 했다.

성인이 된 지금까지도 부모님은 우리를 책임져 주고 계신다. 이런 부모님들이지만 돈 때문에 갈등이 벌어진 적이 딱 한 번 있다. 바로 병원비 때문이다. 내가 종종 방송에서 우울해서 무기력하고 괴롭다고 말하면 사람들은 내게 묻는다.

"그런데 왜 병원에 안 가?"

나는 몸에 크게 불편을 느끼지 않는 이상 병원은 절대 가지 않는다. 이유는? 돈이 아까우니까. 물론 이 습관 때문에 병이 커져서 수술까지 해야 하는 상황을 여럿 겪었다. <u>(아마 이 정도면 안전불감증이 아닐까? 진짜 이것도 병인 것 같다.)</u> 내가 한 달에 지출하는 돈 중에서 가장 아까운 게 바로 병원비다. 가벼운 병이라고 생각되면 절대 병원에 가지 않는다. 최대한 참고 며칠을 버티다가 정 안 될 것 같으면 상비약을 먹고 최소 일주일은 기다린다. 그럼에도 몸에 불편함이 느껴지면 그제야 병원에 간다. (이것도 부모님이 가라고 등 떠밀어야 가는 수준.)

 병원은 정말 돈의 무한굴레다. 검사를 하려면 돈이 들고 검사 후 최종적으로 확진 판정을 받을 때에도 또 돈이 든다. 그리고 그 병을 치료하려면 더 큰 돈이 든다. 이 모든 과정이 엄청난 소비가 발생되는 최악의 무한굴레다. 그래서 가벼운 병 정도는 언젠가 자가 치료가 될 것이라고 믿으며 가만히 내버려두는 게 내 일상이다. 문제는 그러다 병이 커졌을 때다. 일상에서 불편을 느낄 즈음 슬슬 위험하다는 것을 깨닫고 부랴부랴 치료를 시작한다. 나의 이런 패턴을 곁에서 묵묵히 지켜보시던 부모님은 내게 이렇게 말한다.

 "참 미련하다."

 부모님은 나를 이해하지 못하신다. 부모님의 마인드는 나와는 정반대다. '사람이 일을 하는 이유는 돈을 쓰기 위해서다. 그러니 돈을 써야 할 때는 아끼지 말고 제때 써야 한다. 특히 자신의 몸에 쓰는 돈만큼은 결코 아껴선 안 된다. 돈을 더 써야 한다면? 더 일하면 된다.' 나는 돈이 없으면 형편에 맞춰서 살자는 주의인데, 부모님은 돈이 없으면 더 벌자는 주의다. 물론 그 정도의 능력을 갖추고 계시니 할 수 있는 생각일 것이다. 아무튼 그래서 부모님은 늘 끙끙거리며 버티는 나를 볼 때마다 '어리석다'며 꾸중하신다.

"가벼운 병이었을 때 적은 돈으로 그 병을 빨리 치료하면 큰 병이 들었을 때 들어갈 돈을 아낄 수 있지 않을까?"

이 말을 듣고 뒤통수가 세게 아렸다. 맞는 말이었다. 하지만 잠시뿐이었다. 지금도 나는 작은 병은 그냥 버틴다. 돈이 너무 아까워서. '가벼운 병은 병원에 가지 않아도 되지 않을까…' 참 미련하고 어리석은 자식, 아니 방구석 백수다.

"사랑받을 자격 없는
불에도 안 타는 쓰레기 내 인생."

#불효녀

2024년 10월, 잘 다니던 회사를 그만두고 종일 집에만 처박혀서 틱톡만 했다. 배고프면 먹고, 졸리면 자고, 배 아프면 싸는 짐승 같은 백수 생활을 하니 뒤룩뒤룩 살은 찌고 점점 폐인이 되어 갔다. 이런 딸의 모습을 매일 실시간으로 바라보는 부모님의 마음은 어땠을까. 심지어 딸이 찍어 올리는 틱톡 영상에는 자기 자식을 조롱하고 욕하는 악플이 정말 끝도 없이 올라왔다.

나는 그런 악플들을 보며 혼자 울다가 웃고 웃다가 우는 것을 반복하며 하루하루 방안에만 틀어박혀 있었다. 아마 엄마, 아빠 모두 억장이 무너졌을 것이다. 그 마음을 수백 번, 수천 번 이해한다. 그래서 나도 부모님을 조금이라도 이해시키기 위해 노력했다. 여러 번 부딪혔고, 여러 번 사과도 드렸다. 하지만 소용 없었다.

당시 나는 틱톡뿐만이 아니라 다른 이유로도 부모님을 비롯한 가족 모두와 심각한 갈등을 겪었다. 그중에서 가장 기억에 남는 사건은 바로 성형. 부모님과 엄청 크게 싸웠다. 나도 모르게 부모님에게 막말이 나왔다.

"엄마, 아빠가 날 이쁘게 낳아 줬어야지! 애초에 이쁘게 낳아 줬으면 성형수술 고민을 할 필요도 없었잖아!"

부모님에게 이런 말을 하면 안 된다는 건 나도 알고 있다. 마음으론 알고 있다. 하지만 너무 속상했다. 부모님에게 또 상처를 드렸다. 애 낳는 게 게임도 아니고, <심즈>처럼 내가 원하는 얼굴과 체형으로 캐릭터를 만들 수 있는 것도 아닌데. 부모님께 이런 말을 해봤자 해결되는 일도 아닌데. 그들에게 평생 지워지지 않을 상처로 남을 어리석은 발언을 왜 참지 못했을까. 늘 알면서도 이런 식으로 부모님에게 상처를 줬다.

안다, 나는 불효녀다. 일은 안 하고 집 안에서 숨만 쉬며 식량만 축내는 불에 타지도 않는 쓰레기. 인간 쓰레기. 부모님은 내가 이렇게 된 이유가 모두 SNS 때문이라고 생각하신다. 부모님은 내게 늘 말씀하신다.

"너는 내가 배 아파서 낳은 나의 아주 소중한 자식이야. 네가 미디어에서 그런 말을 듣고 상처 받는 게 너무 싫고, 그런 댓글들에 마음을 다치는 건 너뿐만 아니라 우리도 마찬가지야. 너는 우리고 우리가 너인데, 제발 SNS를 그만두면 안 되겠니? 매일 거기에만 빠져서 방 밖으로는 나오지도 않고. 방구석 폐인이 되어버린 네 모습들을 보는 부모 마음을 네가 생각해 봤니?"

이런 말씀도 하셨다.

"너는 원래 이렇게 외모에 집착하는 애도 아니었어.

네가 고등학생이었을 때 우리가 그냥 지나가는 말로 '라이, 너 성형 한번 해 볼래?' 하고 말했을 때도 너는 '난 내 얼굴 마음에 들어! 엄마, 아빠가 준 얼굴을 왜 고쳐?'라고 말했잖니. 그런데 왜 갑자기 이렇게 변한 걸까. 우리가 볼 때는 SNS가 널 이렇게 바꾼 것 같다."

어느 정도는 맞는 말이다. 아니, 전부 다 맞는 말이다. 내가 처음부터 이렇게까지 외모에 집착했던 건 아니었다. 일본 애니메이션이나 게임에 미쳐 있었지 외모 콤플렉스 같은 것도 없었다. 심지어 그때 나는 내가 158cm에 62kg이라는 것도 몰랐다. 내가 뚱뚱하다는 사실조차 인식하지 않고 있었다.

오히려 나는 내 몸매를 좋아했다. 지금보다도 훨씬 당당했고 자신감이 넘쳤다. 그때에 비하면 지금 내 몸매는 훨씬 날씬한 수준을 넘어서 엄청나게 마른 체형임에도 불구하고, 지금 내 외모 자존감의 수준은 바닥이다. 매일 스스로의 자존감을 깎아 먹고 있다.

정말 부모님 말씀대로 틱톡과 SNS가 나를 바꿔 놓은 것일까? 사진에 보정 따위 쓰지도 않았는데 어느 순간부터 영상이든 사진이든 보정이 들어가지 않으면 예민하게 굴게 되었다. 지금은 보정에 엄청나게 집착한다. 내 인스타그램 피드에는 언제나 성형 전과 후의 마법 같은 변화를 보여주는 게시물들로 가득 차 있다. 하도 검색을 해서 알고리즘이 그렇게 만든 것이다.

아무튼 당시 나는 내가 실시간으로 피폐해져 간다는 걸 느낄 정도로 무너지고 있었다. (내가 올린 게시물 때문에 SNS 안에서 싸움이라도 일어나면 차라리 틱톡을 접고 아무도 날 모르는 곳으로 떠나고 싶었다.) 현실에서는 날마다 가족들과 싸웠다. 몸도, 정신도 너무 지쳐서 그냥 다 버리고 도망치고 싶었다.

그리고 사실 나 자신과의 이 싸움은 지금도 현재 진행형이다.

"신이시여, 코코에게 30년 더 살 수 있는 버프 내려 주세요."

#코코

집에만 박혀 있는 백수지만 실은 내게도 친구가 있다. 바로 나의 사랑스러운 반려묘 '코코'다. 난 코코가 늘 부러웠다. 2025년 기준 코코는 이제 열 살이 되었다. 코코는 태어난 지 3개월째 즈음 내게로 왔다. 코코는 우리 친언니 지인의 고양이였다. 그분은 원래 고양이를 기르고 있었는데 그 고양이가 새끼 열두 마리를 낳았고 그중에 한 마리가 바로 우리 코코였다고 한다.

친언니 지인인 그분은 우리 엄마와도 종종 이야기를 나누었는데 어느 날 엄마에게 "우리 집 고양이가 새끼를 낳아서 여기저기 분양을 보내고 있는데 마지막 새끼 고양이 한 마리가 너무 못 생겨서 그런지 인기가 없네요"라고 말했고, 엄마는 그 말에 '움찔'하시며 그 고양이를 한 번 보러 가겠다고 그 자리에서 말씀하셨다고 한다. 그런데 처음 본 고양이가 엄마 눈에는 너무 귀여워 보였다는 것이다. 그렇게 엄마에게 선택을 당한(?) 코코는 10년째 나의 가장 소중한 동반자가 되었다.

코코는 나의 유일한 친구이다. 어렸을 때 나는 정말 겁이 많았는데, 부모님은 늘 일하시느라 늦게 들어오셔서 어쩔 수 없이 쌍둥이 오빠에게 의지해야 했다. 하지만 그런 오빠마저도 친구들과 노느라 늦게 들어오는 날에는 나 혼자 덜덜 떨면서 이불을 뒤집어쓰고 무서운 어둠을 견뎠다. 하지만 코코가 우리집에 오고 나서부터는 코코가 나의 이야기 상대가 되어 줘서 무서움을 견딜 수 있었다. (내 말을 알아듣진 못했겠지만.) 지금도 코코 덕분에 잘 버티며 하루하루를 살고 있는 것 같다.

학생 때는 코코가 너무 부러웠다. 집에서 아무것도 안 하고 뒹굴뒹굴. 배가 고프면 사료를 먹고 배가 부르면 누워서 낮잠을 자고. 학교 갔다가 돌아오면 집사가 놀아주고. 가끔 간식도 먹고. 학교 가는 길에 코코를 보며 "우리 오늘 하루만 몸 바꾸자!"라고 농담 섞인 말을 외치며 코코의 이마에 입을 맞추는 것이 내 하루의 시작이었다. 코코가 되고 싶었다. 코코처럼 아무것도 하지 않고 뒹굴뒹굴 살 순 없을까? 배가 고프면 밥을 먹고 소화가 다 되면 볼일 보고 사고 쳐도 집사들이 전부 뒤처리해 주는 삶. 얼마나 행복한가.

중학교 때 나는 하루도 빠짐없이 울었다. 늘 혼자 서럽게 울면서 하교했다. 울면서 돌아오면 반겨주는 건 텅 빈 집에 코코뿐이었다. 너무 괴로워서 아무도 없는 거실에서 혼자서 큰소리로 난동을 부리다 서럽게 울어댔다. 그런 모습을 전부 코코는 옆에서 묵묵히 지켜봤다. 내가 진정이 좀 되면 코코가 슬그머니 다가왔다. 그러곤 내게 꾹꾹이를 해 주며 나를 달래줬다. 코코는 아마 운다는 것이 무슨 감정인지 이해하진 못했을 것이다. 그걸 알면서도 나는 언제나 코코에게 위로를 받았다. 코코는 한결같이 나를 좋아해 줬다. 내가 화가 나서 괜히 심술을 부려도 코코는 내게 먼저 다시 다가와 줬다.

가끔은 코코가 싫었다. 코코가 친 사고는 내가 뒤처리를 해야 했기 때문이다. 코코가 사료를 잘못 먹고 거실에 오바이트를 해놨을 때, 코코가 식탁 위에 있던 컵을 떨어뜨려 컵이 깨졌을 때, 코코가 작은 물건을 갖고 놀다가 그 물건이 소파 밑으로 들어가 버렸을 때…. 뒤처리는 전부 내 몫이었다. 왜냐고? 늘 집에 있는 건 나뿐이니까. 오빠는 친구들과 노느라 집에 붙어 있지를 않았고, 부모님은 일하시느라 늘 밖에만 계시니 언제나 집 안에는 나와 코코 둘뿐이었다. 지금 이 글을 쓰는 중에도 우리집에는 우리 둘뿐이다. 나는 방 안에서 컴퓨터로 글을 쓰고 있고 코코는 내 뒤에 있는 침대 위에서 쿨쿨 잠을 자고 있다.

늘 나는 코코와 함께 잔다. 코코도 당연하다는 듯이 밤만 되면 내 침대로 슬그머니 다가온다. 코코가 먼저 내 침대 밑에서 자고 있으면 나도 그 옆에 슬쩍 눕는다. 그러면 귀신같이 알고 일어나서 내 머리맡에 다가와 베개를 함께 베고 서로 얼굴을 맞댄 채 다시 잠이 든다. (원래 뭘 베고 자는 애가 아니었는데 나랑 자면서 없던 습관이 생긴 것 같다.) 그러다가 가끔은 내 얼굴 바로 옆에 엉덩이를 대고 잔뜩 꾸부린 채 새우잠을 잔다. 그 모습도 너무 귀엽다.

아침에 일어나 눈을 뜨면 새근새근 잠자고 있는 코코가 보인다. 그 모습을 보면 그냥 안심이 된다. 쌓였던 스트레스가 풀린다. 눈앞에 없어서 이불을 걷어 보면 코코가 뿅 하고 나온다. 스마트폰을 보고 있다가 어느새 배 위가 묵직해져 내려다 보면 몰래 내 배 위에 올라와 식빵을 굽고 있는 코코가 보인다. (코코는 식빵 자세 달인이다.)

아빠는 늘 잔소리를 한다.

"코코 좀 네 방에 들여 놓지 마! 털이 너무 심하잖아!"
내 방에 보관된 옷들은 전부 고양이 털투성이다. 하지만 난 싫지 않다. 가끔 깜빡하고 털을 떼지 않으면 표시가 나지만 그래도 상관없다. 나는 그런 코코가 너무나도 좋은걸. 그런데 처음부터 코코를 이렇게나 좋아했던 것은 아니다. 사실 나는 '강아지파'였다. 코코가 우리집에 오기 전에 우리집에는 말티즈 '둥이'가 있었다.

사랑둥이, 귀염둥이에서 둥이라는 이름을 따 왔다. 하지만 둥이는 분양사기를 당한 강아지였다. 한때 유명했던 일명 '강아지 공장' 출신의 강아지였던 것이다. 건강검진을 다 마쳤다던 펫샵의 말을 믿고 데려왔는데, 동물병원에서 검사를 받아 보니 둥이의 건강 상태는 최악 중에서도 최악의 상태였다. 의사 선생님 소견으로는 이미 둥이는 강아지가 걸릴 수 있는 병이란 병은 전부 다 걸려 있었던 '거의 죽기 직전의 강아지'였다. 그때 둥이를 살리기 위해 한 달에 500만 원이 넘는 돈을 쏟았다. 그 돈이 얼마나 큰 돈인지 어렸던 나는 알지 못했다. 우리 부모님은 둥이를 위해, 아니 나를 위해 엄청난 돈과 시간을 투자해 노력하셨지만 끝내 둥이는 하늘의 별이 되었다.

부모님은 서럽게 우는 내게 둥이를 '돈 많은 재벌집 할머니'에게 분양을 보냈다고 말씀하셨다. 거기엔 집 앞에 큰 마당도 있어서 좁은 아파트에 사는 것보다 더 행복하게 살 수 있을 것이라면서 초등학교 3학년이었던 나를 안심시켜 주셨다. 나는 그 말을 곧이곧대로 다 믿었다. 하지만 나중에 알게 된 사실은 둥이는 병원에서 치료를 받다가 죽었다는 것이었다. (친언니한테 전해 들었다.)

둥이를 떠나보낸 후 햄스터도 키워 보고 토끼도 키워 보고 다양한 동물들을 키워 봤다. 오빠와 내가 햄스터 한 마리씩 분양을 받아서 키웠는데 그 둘을 한 케이지에 가둬 두니 내 햄스터가 오빠의 햄스터를 먹어버렸다. 아침에 일어나 보니 오빠의 햄스터가 뼈만 덩그러니 남은 채 없어져 있었다. 오빠는 충격에 엉엉 울었고, 나는 믿을 수가 없었다.

이렇게 무언가를 키운다는 게 너무 힘들고 책임감이 막중한 일이란 걸 깨달은 나는 처음 코코를 데려오겠다는 엄마의 선언에 "난 안 키워"라고 단호하게 이야기했었다. 새로운 생명을 책임질 자신이 없었기 때문이다. 처음에 엄마는 "걱정 마. 내가 다 책임질 거야. 너희는 할 거 없어"라며 가족들을 설득시켰고, 그렇게 코코는 우리와 함께 살게 되었다. 사실 그 이후에도 나는 한동안 "고양이 싫어!"라고 외치며 코코를 밀어냈다. 그동안 소중한 친구들과 여러 이별을 겪었던 것이 트라우마로 남아 있던 것 같다. 어린 초등학생의 똥꼬집이 아니었을까 싶다.

하지만 그 이후로 코코와 살면서 코코에게 많은 위로를 받았다. 천둥번개가 무서워서 울고 있으면 내게 다가와 부비부비하며 애교를 떨던 코코. 학교에서 집에 돌아와 울고 있으면 또 슬그머니 내 곁에 다가와 말을 걸어주던 코코. 10년이 지난 지금도 나는 나의 가장 친한 친구이자 동생인 코코에게 큰힘을 받는다.

가끔 생각한다. 코코가 하늘의 별이 되어버리면 어떻게 하지? 코코는 너무 고맙게도 지금껏 크게 아픈 적이 없다. 그래서 앞으로도 건강하게 잘 살다가 하늘의 별이 될 거라고 생각은 하지만, 고양이의 수명은 인간보다 길 순 없는 법. 그래서 어떤 때는 '코코보다 내가 먼저 하늘의 별이 되고 싶다'라는 생각을 한다. 나는 나의 소중한 것들의 마지막을 보고 싶지 않으니까. 이건 사람도 동물도 마찬가지다. 고양이의 평균 수명이 열다섯 살이라곤 하지만 요즘 의학이 많이 발달해서 20년까지는 충분히 산다고 한다. 그러니 아직 10년은 남아 있다고 생각하지만….

신이 있다면 고양이의 평균 수명을 좀 더 늘려서 우리 코코만이라도 한 30년 정도만 더 살 수 있게 '버프'라도 걸어 주면 좋겠다. 물론 안 될 거란 걸 알고 있지만.

"나, 원래 꽤 활발한 사람이었구나."
#아이돌 놀이

　코코는 나의 낯부끄러운 일상들은 전부 다 옆에서 지켜본 유일한 생명체이다. 내가 집에서 혼자 '아이돌 놀이'를 할 때도, 집에서 혼자 노래를 부를 때도, 춤을 출 때도, 거울을 보며 애교 연습을 할 때도 코코는 늘 옆에서 보고 있었다. 처음엔 코코가 나를 뚫어져라 쳐다보면 너무 부끄러웠다. 그래서 코코를 거실에 두고 나 혼자 방에서 문을 닫고 은밀한 취미생활들을 즐겼다. 아이돌 놀이는 내 대표적인 은밀한 취미생활이다. 이걸 설명하자니 조금 창피하긴 한데, 어린 시절 내가 스스로 자존감을 채우기 위해 시작한 놀이였다.

놀이 방법은 간단하다. 일단 상상을 한다. 나는 아이돌이다. 나는 월드 투어 콘서트 중이다. 눈앞에는 나를 좋아해 주는 팬들이 좌석을 가득 채운 채 응원봉을 흔들고 있다. 그 팬들 앞에서 나는 노래를 한다. 나는 케이팝보다는 제이팝을 더 좋아했기 때문에 보통 일본 노래를 틀어 놓고 춤을 췄다.

'보컬로이드'라는 프로그램이 있다. 일본에서 만든 음성합성 소프트웨어인데, 이 프로그램으로 수많은 '3D 기계(?) 가수'가 만들어졌다. 나도 한때 그중 한 그룹에 빠져서 내가 마치 보컬로이드의 멤버가 된 것마냥 열정적으로 콘서트를 하는 놀이를 즐겼다. 물론 집에 아무도 없을 때 나 혼자서 말이다.

코코만이 나의 유일한 관객이었다. 처음엔 현타가 너무 와서 코코에게조차 부끄러웠다. 그래서 방 안에서 혼자 즐겼지만, 나중엔 편해져서 거실에서 그냥 텔레비전으로 유튜브를 틀어 놓고 신나게 몸을 흔들었다. 한 손엔

마이크라고 상상하며 리모컨을 든 채. 유일한 관중인 코코와 함께 나만의 단독 콘서트를 즐겼다. (이런 놀이 나만 해본 건 아닐 거라고 장담한다.)

당시 나는 일본 아이돌 그룹의 춤과 노래를 정말 좋아했다. 그래서 일본 노래에 맞춰 춤을 추는 일명 오도리테들의 춤도 즐겨 췄다. (오도리테는 일본에서 보컬로이드의 노래에 맞춰 춤을 추는 영상을 올리는 사람들을 뜻하는 단어다.) 고등학교에 다닐 때는 코스프레 동아리에서 활동도 했다. 축제 때가 되면 춤을 연습해 코스프레 복장을 입고 공연까지 했다. 믿기진 않겠지만 단장까지 했었다. 그렇기에 춤은 전공자 수준은 아니었지만 나름대로 출 줄은 알았다. 물론 삐걱댔지만 말이다.

사실 처음에는 코스프레 자체에는 크게 관심이 없었다. 오히려 너무 오버스러운 것 같아서 '불호'였다. 이쁜 옷을 입는 건 좋았지만 내가 그 캐릭터가 되어서 가발까지 쓰고 춤을 춰야 하는 건 진짜 창피했기 때문이다. 물론 그것도 코스프레부 2년 차 정도가 되니 적응이 되어서 후배들에게 내가 먼저 "우리 이번엔 무슨 코스프레 할까?"라고 먼저 묻는 오타쿠가 되었지만 말이다.

어쨌든 나는 그런 취미를 즐겼다. 아마 가족들은 지금까지도 잘 모를 거라고 생각한다. 아, 집에서 몰래 이렇게 아이돌 놀이를 하다가 쌍둥이 오빠와 친구들에게 대놓고 들켰던 적이 한 번 있었다. 당시에는 정말 쪽팔렸지만 그것도 일주일도 안 되어서 금방 사라져버리긴 했다. (내가 좀 뻔뻔하고 단순하다.) 다이어트할 때에도 유산소 운동으로 사이클도 많이 탔지만 춤도 정말 많이 췄다.

이 글을 쓰다 보니 새삼 느껴진다.

'나 원래 꽤 활발했던 사람이구나.'

옛날엔 집에 혼자 있을 때 늘 노래를 틀어 놓고 춤추며 나 혼자만의 세상에 빠져 가상의 아이돌이 되곤 했는데. 지금은 그저 멍 때리며 끝내주게 숨만 쉬고 끝. 내가 얼마나 많이 바뀌었는지 깨닫는다. 이런 나를 옆에서 보고 계시는 부모님 마음은 어떠실까. 이 글을 쓰며 다시 한번 느낀다. 그리고 또 한번 나는 자기혐오에 빠지기 시작한다.

내향인

비밀 일곱 알, 가족

"난 엄마, 아빠보다 먼저 죽어서
엄마, 아빠의 마지막을 보지 않을 거야."

나는 나를 욕하는 댓글엔
절대 화가 나지 않는다.

하지만 사랑하는 나의 가족을 건드리는 순간
나는 흔히 말하는 '미친×'으로 변한다.

내게 가족은 정말 소중하다.
그 무엇과도 바꿀 수 없다.

나에겐 가족뿐이다.

특히 엄마, 아빠는 정말 나에게 소중하다.
소중한 사람의 마지막을 난 보고 싶지 않다.

그러니 부모님께 죄송하지만
내 꿈은 부모님보다 먼저 죽어서
그분들의 마지막을 보지 않는 것이다.

어리석다고 욕해도 상관없다.
이건 내가 어릴 때부터 짠 인생 계획이니까.

"이 할미가 우리 소희 지켜 주니까 걱정 말고 푹 자라."

#비밀 말동무

스물두 살 즈음이었다. 살면서 겪지 않을 것 같았던 영원한 이별을 처음 겪었다. 내가 정말 사랑했던 할머니가 돌아가신 것이다. 할머니는 내가 아주 어렸을 때부터 나와 오빠를 정말 아끼고 사랑해 주셨다. 할머니를 보러 가는 시골은 즐거웠다. 5시간이나 차를 타고 가야 하고 또 휴게소도 중간에 여러 번 들러야 할 정도로 먼 곳이라 항상 자동차 멀미 때문에 괴로웠지만 그래도 괜찮았다.

할머니와 함께하는 시간들은 늘 행복했다. 할머니는 평소에 식욕도 없으시고 요리하기도 귀찮아하셔서 하루에 한 끼 드실까 말까 하셨지만, 나와 오빠가 놀러 가면 늘 삼시세끼 푸짐하고 맛있는 음식을 한가득 차려 주셨다. 새벽에 도착하는 우리 가족들을 위해 늦은 새벽 마트에 들러 새벽 장을 보시고는 집 앞마당에서 고기 파티를 열어 주셨다.

어렸을 때는 방학마다 할머니 집에 갔는데, 겨울방학에는 할머니 집 앞에서 눈사람도 만들고 눈썰매도 탔다. 할머니 키우던 강아지들과 함께 신나게 놀았다. 배가 고프면 할머니가 끓여 주셨던 두꺼운 면의 뜨끈한 김치 국수가 아직도 떠오른다. 추운 겨울 오빠와 실컷 뛰어놀고 집에 들어와 먹었던 그 김치 국수는 정말이지 환상적으로 맛있었다.

할머니는 갑작스럽게 돌아가신 게 아니다. 내 심장에 물이 찼다고 해서 엄마 손을 잡고 대학병원 내과에 가 흉부 CT를 촬영하고 집에 가던 길이었다. 엄마에게 시골에서 전화가 왔다. 그 전화를 받고 엄마는 병원 앞에서 주저앉으셨고 그 자리에서 펑펑 우셨다.

"할머니 암이시래. 대장암 3기…."

나는 그 이야기를 듣고 아무 생각이 안 들었다. '현실 직시'가 되지 않았다고나 할까? 아무런 감정이 들지 않았다. 아무런 생각이 들지 않았다. 그저 살짝 멍해질 뿐이었다.

대장암 3기면 이미 암의 전이가 진행될 만큼 진행이 된 상태였고, 아무리 수술이 잘 끝나도 평생 항암 치료를 해야 될지도 모른다고 하셨다. 그래도 우리 가족은 희망의 끈을 놓지 않았다. 완벽한 수술을 위해 우선 할머니를 서울로 모시기로 했다. 가족들이 돌아가면서 할머니 옆에 머물며 돌봐 드리자고 했다. 이제부터는 누군가가 서울에 있는 병원에 할머니를 정기적으로 모셔다 드려야 했고, 할머니 식사도 꼬박꼬박 챙겨드려야 했다.

누가? 내가. 아빠와 엄마는 일하시느라 안 되고, 오빠는 놀러 다니느라 바빴다. 나도 학교를 다녀야 했지만 곧

휴학 예정이었기에 학교를 쉬고 내가 24시간 내내 할머니 곁에서 보살펴 드리기로 했다. 물론 중간중간 시골에서 큰아빠도 오셔서 할머니를 돌봐 드리긴 했지만 큰아빠도 생계가 달린 일을 하셨기에 서울과 시골을 매일 왕복할 순 없었다. 그렇게 나는 할머니와 두 달이 조금 안 되는 시간을 바로 옆에서 함께했다.

아빠는 아닌 척했지만 자신의 엄마, 즉 할머니를 정말 많이 사랑했다. 할머니의 대장암 진단 후 쉬는 날마다 할머니와 함께 장을 보러 가셨다. 마트에서 할머니의 옷을 쇼핑하며 할머니와 최대한 많은 시간을 함께하시려 노력했다. 엄마도 대장암 쪽의 명의를 여기저기 수소문하여 찾아다녔다. 그렇게 속전속결로 빠른 검사와 수술 일자까지 잡았다. 그 사이 나는 할머니랑 붙어 있으면서 할머니와 많은 이야기를 나눴고 그동안 아무도 몰랐던 할머니에 대한 이야기를 알 수 있었다.

할머니가 어떤 음식을 좋아하시는지, 할머니가 어떤

아이스크림을 좋아하시는지 같은 것들. 그리고 할머니의 다양한 버릇이나 패턴들. 그중에서 가장 기억에 남는 패턴은 할머니는 언제나 새벽에 잠에서 깨신다는 것이다. 할머니는 새벽 3~4시쯤 눈을 뜨시곤 창밖의 풍경을 멍하니 바라보신다. 나도 늘 새벽 3~4시쯤 깨서 물을 마시는 습관이 있었는데, 처음엔 창문 밖의 어둑한 풍경을 하염없이 바라보고 있는 할머니를 보고 살짝 놀랐다. 그런데 그 패턴이 계속해서 반복되니 이것이 할머니의 습관이라는 것을 알게 되었다. 해도 뜨지 않은 어두운 바깥을 보며 '멍 때리시는' 할머니 곁에 나는 슬그머니 다가가 아무도 모르는 할머니의 비밀 말동무가 되었다.

어떤 이야기를 했냐고? 그냥 정말 터무니없는 이야기들을 했다. 적막한 새벽을 채울 쓸모없는 이야기들을 주저리주저리 나 혼자 떠들었다. 나는 동영상과 사진으로 할머니를 기록했다. 할머니와의 이별을 대비한 행동은 아니었다. 그저 그때는 할머니의 모든 모습을 찍고 싶었다. 그때 나도 모르게 할머니의 마지막을 직감했던 걸까?

잘 모르겠다. 사실 나는 좀 지쳐 있었다. 종일 병 간호를 해야 하니 혼자만의 시간은 사라진 지 오래였고, 할머니가 부르면 무조건 가장 먼저 달려가야 했다. 그렇게 하루 일과가 끝나면 늘 아빠에게 할머니의 상태를 보고했다.

나는 '할머니가 아프시니까 어쩔 수 없지'라는 생각으로 묵묵히 할머니의 옆자리를 지켰다. 쌍둥이 오빠는 뭘 했냐고? 오빠는 뒤늦은 사춘기가 왔는지 할머니 앞에서 아빠와 몸싸움까지 거하게 치르며 싸워버렸고, 밖에 한 번 나가면 집에 잘 들어오지도 않았다. 그러니 할머니 곁에는 늘 내가 있어야만 했다. 그렇게 어찌어찌 할머니는 병원에 꾸준히 다니셨고 수술하기 이틀 전날 병원에 입원하셨다.

할머니가 병원에 입원하셨을 때도 간호 담당은 역시 나였다. <u>(여기서 재미난 건 할머니를 간호할 때도 나는 틈틈이 틱톡 영상을 찍으며 업로드를 했다는 사실이다. 그 영상들은 아직도 나의 틱톡에 남아 있다.)</u> 묵묵히 할머니의 수술을 기다리며 할머니를 보살펴드렸고, 드디어 수술 전날 밤이 되었다. 나는 할머니에게 계속 말을 걸었다.

"할머니, 오늘 날씨는 흐려요."
"이것 좀 봐요. 재밌죠?"
"텔레비전 채널 다른 거 틀어 드려요?"

유독 그날따라 할머니는 대답을 하지 않으셨다. 이상하게 느낀 나는 할머니에게 물었다.

"할머니 왜 그래요? 어디 불편하세요?"

그리고 할머니는 천천히 입을 여셨다.

"…무서워."

잘못 들은 줄 알았다.

"네?"

다시 한번 되물었다.

"무섭다."

잘못 들은 게 아니었다. 그 순간 뇌가 1분 정도 정지되었다. 할머니가 '무섭다'고 하셨다. 단 한 번도 할머니로부터 들어본 적 없는 말이었다. 할머니뿐만 아니라 나보다 어른인 사람의 입에서 처음 들어본 말이었다. 자신보다 어린 사람한테 '무섭다'고 두려움을 표현한다는 건 자존심이고 뭐고 전부 포기하고 약한 모습을 그대로 드러낸다는 건데.

나는 늘 어렸을 때 할머니에게 무섭다고 칭얼거렸다. 방학 때마다 할머니 집에서 가서 잠을 잘 때면 귀신이 무서워서 "할머니! 내 옆에 꼭 있어 줘야 해요! 어두운 건 너무 무서워요!"라며 찡찡대는 나였다. 그러면 할머니는

"귀신 그까짓 거 뭐가 무섭냐. 있어도 이 할미가 우리 소희 지켜 주니까 걱정 말고 푹 자라"라며 안심시켜 주던 할머니였는데. 그랬던 분이 지금 내 앞에서 병원 옷을 입고 병원 침대에 누워 마스크를 쓴 채 두려움에 떨고 계셨다. 그리고 작은 목소리로 내게 무섭다고 말씀하셨다.

정신을 차린 뒤 지금 내가 할머니에게 해 드릴 수 있는 게 무엇인지 빠르게 생각했다. 나는 할머니의 손을 꼭 잡았다.

"할머니, 걱정하지 마요. 뭐가 무서워요? 어차피 수술 잘 마치면 얼른 회복해서 나랑 나중에 놀 건데. 요즘 의학이 워낙 발달해서 할머니가 눈 감았다 뜨면 다 끝나 있을 거예요. 할머니는 회복만 잘해 주면 되니까…. 할머니 수술 다 끝나고 회복까지 잘 마치면 우리 가족들이랑 다 같이 제주도 가요!"

아빠는 늘 할머니가 비행기 한 번 타 본 적이 없다며

언젠가는 꼭 할머니와 함께 제주도에 가겠다고 귀에 딱지가 얹히도록 말씀하셨었다. 나는 할머니가 무섭다고 한 그날 밤, 할머니에게 수술이 끝난 이후의 즐거운 제주도 여행 계획에 대해 신나게 브리핑을 하며 나름대로 할머니의 긴장을 풀어 드리려 노력했다.

그렇게 밤이 지나갔다. 다음날의 할머니 수술이 너무 걱정되어서 그랬을까? 그날 밤 나는 완전히 잠을 설쳐버렸다. 아침에 일어나 할머니의 얼굴을 확인해 보니 할머니도 잠을 편히 못 주무신 것 같았다. 그리고 얼마 뒤 그렇게 할머니는 수술실로 들어가셨다.

"할머니의 손은 정말 차가웠다."
#이별

　할머니의 수술은 정말 오래 걸렸다. 보통 환자들은 4~6시간 정도 걸리는 수술이지만, 병세가 좋지 않았던 할머니는 8시간이나 걸렸다. 수술을 하신 뒤에는 바로 중환자실로 이동하셨다. 수술은 무사히 잘 마쳤지만 할머니가 워낙 왜소하시고, 또 한쪽 폐가 없는 상태라서 위태로웠다고 한다. (폐가 한 쪽 없으신 건 할머니의 옛날 어떤 병 때문이다.) 하지만 다행히 할머니는 금방 회복하시어 일반 병실로 옮겨가셨다. 수술 후에도 나는 계속해서 매일매일 할머니를 간호했다.

　하지만 할머니의 간호는 수술 이후 더 쉽지 않아졌다. 일단 할머니의 대소변을 전부 받아 치워야 했다. 하루는 할머니가 대변 실수를 하셔서 병실 침대와 할머니의 병원복이 전부 대변 범벅이 된 적이 있다. 그 대변을 내 손으로 전부 치우고 할머니의 옷까지 갈아입혀야 했다. 수술 때 대장을 잘라낸 거라 대변 실수가 잦아질 수 있다는 이야기를 의사에게 듣긴 했다. 그런데 정말 그 일이 내 앞에서 벌어지자 눈앞이 깜깜했다. 할머니를 모시며 겪었던 일 중 이때가 가장 힘든 순간이었다.

나는 대성통곡을 하며 아빠한테 전화를 했다.

"아빠 나 진짜 못하겠어. 나 이제 그만할래. 이게 뭐야!"

전화를 받은 아빠는 너무 당황해하며 상황을 물었고, 나는 아빠에게 할머니의 대변 실수를 전부 설명했다. 아무리 힘들어도 아빠에게 힘든 티를 절대 내색하지 않았다. 할머니에 관한 일은 더더욱 침묵했다. 아빠는 자신의 어머니가 아프다는 것 자체만으로도 엄청나게 힘이 들

테니까 나까지 부담을 드리고 싶지 않다. 하지만 이날만큼은 그동안 참아 왔던 게 폭발했다. 지금까지 쌓인 불만이 한꺼번에 터져 버린 것이다. 아빠는 계속 미안하다고만 말씀하셨다. 나는 아빠한테 미안하다는 소리를 듣고 싶어서 전화를 한 게 아니었는데. 마음이 아팠다. 오히려 내가 죄송했다. 그 이후에도 아빠는 내게 줄곧 사과했다.

"미안하다. 자식인 내가 해야 했는데, 내가 해야 할 일을 너에게 전부 떠넘겨버리고… 내가 정말 미안하다. 정말 미안하다…."

계속 사과하는 아빠의 모습에 나 자신이 불효녀가 된 것 같아 큰 죄책감이 나를 감쌌다.

"우선 큰아빠를 병원에 보낼 테니까 큰아빠 도착하면 교대하고 소희 넌 좀 쉬어. 너무 고맙고 미안하다."

큰아빠를 기다리는 동안 함께 병실을 쓰던 사람들의

시선이 곱지 않았다.

"어휴, 똥 냄새…. 제대로 치운 거 맞아요? 냄새가 여기까지 나는데?"

분명 빡빡 닦았고 이제 냄새도 더 이상 안 나는 것 같은데 자꾸 나에게 제대로 치운 것 맞냐며 물어보셨다. 그러는 사이에 큰아빠가 도착했고, 나와 할머니에게 곱지 않은 시선을 보내던 그분들은 큰아빠의 험악한 인상을 보자마자 입을 꾹 다물었다. (이런 말 하는 것이 큰아빠에게는 죄송하지만, 우리 큰아빠의 인상이 조금 험악하시다. 하지만 무척 상냥하신 분이다. <짱구>에 나오는 해바라기반 원장님 같은 느낌이랄까.)

큰아빠와 교대하고 그날 하루는 딱딱한 병원 간이침대가 아닌 푹신한 내 방 침대에서 편하게 잠을 청했다. 이후에도 다시 병원에 돌아가 꾸준히 할머니를 간호했다. 드디어 할머니의 퇴원 날, 엄마는 할머니를 집이 아닌 요양병원에서 회복시키자는 말씀을 조심스럽게 꺼내셨다. 아빠는 처음에는 극구 반대하셨지만 나중에는 "그게 더 나을 수도 있겠다"라고 수긍하시며 요양병원으로 할머니를 퇴원시키셨다.

그리고 할머니는 그 요양병원에서 돌아가셨다.

좀 더 정확히 이야기를 하면 할머니는 '대장암' 때문에 돌아가신 게 아니다. 요양병원에서 할머니와 함께 병실을 사용하시던 다른 환자가 알고 보니 코로나에 감염된 환자였고, 마지막 의사의 말로는 할머니는 그 코로나에 감염되어 돌아가신 것 같다고 했다. 안 그래도 수술한 지 얼마 되지 않은 몸이라 면역력이 떨어져 있는 상태였는데, 심지어 폐가 한 쪽밖에 없으니 코로나 바이러스에 취약했다고.

너무 허무했다. 그렇게 열심히 수술하시고 회복하시는 중이었는데. 결국 나의 편의를 위해 입원한 요양병원에서 그 옆에 있던 다른 환자의 코로나 바이러스에 전염

되어서 돌아가신 것이다. <u>(아버지가 할머니의 요양병원행을 결국 찬성한 것은 아마 옆에서 힘들어하는 나 때문이었을 것이다.)</u> 할머니가 돌아가셨다는 전화를 받자마자 우리 가족은 모두 요양병원으로 달려갔다.

할머니는 입을 벌린 채 눈을 감고 계셨다. 할머니의 손은 정말 차가웠다. 아빠는 그런 할머니를 보고 주저앉아서 우셨다. 아빠의 우는 모습을 그때 처음 봤다. 정말 큰소리로 오열하셨다. 엄마는 일부러 소리를 내지 않고 우셨다. 아빠가 창백한 할머니의 얼굴을 쓰다듬으며 하신 말씀들은 아직도 내 기억 속에서 잊히지 않는다.

눈물조차 흐르지 않았다. 하지만 금세 우리 가족은 할머니와의 영원한 이별을 받아들였다. 아빠는 할머니가 돌아가시고 나서도 내게 수백 번은 다시 사과를 하셨다. 물론 아빠가 나에게 사과할 것은 없었다. 그래서 아빠에게도 미안해하지 말라고 했다. 하지만 아빠는 자신이 해야 할 일을 전부 딸에게 미룬 것이 너무 미안하고 계속 말씀하셨다. 나에게 온갖 고생을 시킨 것 같아 면목이 없다고, 우시며 말씀하셨다.

    나는 두 달 정도의 짧은 시간 동안 할머니와 생활하면서 찍은 사진과 영상들을 전부 아빠에게 보냈고, 할머니와 수술 전에 나누었던 대화들도 전부 아빠에게 이야기했다. 그리고 아빠는 그날 이후 처음으로 내게 '고맙다'고 말씀하셨다. 내가 찍은 할머니의 사진과 영상들이 아빠의 휴대폰 안에 꽤 시간이 지난 지금까지도 소중히 보관되어 있는 것을 나는 나중에 확인할 수 있었다.

    사실 난 아직도 모르겠다. 죽음이란 게 뭔지. 할머니가 돌아가셨을 때 느낀 감정은 슬픔이 아닌 허무함뿐이었다. <u>(만일 내가 죽게 되면 어떨까. 아빠가 또 저렇게 땅이 꺼져라 우실까.)</u> 엄마도 분명 아빠와 같겠지. 왜냐하면 두 분 다 자식밖에 모르시는, 자식을 끔찍이 사랑하시는 자식 바보들이기 때문이다. 늘 엄마, 아빠에게 이야기한다.

"난 엄마, 아빠보다 먼저 죽어서 엄마, 아빠의 마지막을 보지 않을 거야."

그러면 부모님은 내게 이야기한다.

"부모보다 먼저 죽는 자식보다 더 못된 불효는 없다."

하지만 난 겁쟁이다. 내가 누구보다 사랑하는 사람의 마지막 순간을 보고 싶지 않은 겁쟁이. 나 자신만 생각하는 이기적인 겁쟁이. 그렇기에 나의 목표는 앞으로도 변하지 않을 것이다.

"내가 낸 상처라서 누구에게 탓할 수도 없고."
#계획된 죽음

내가 죽기로 마음먹은 목표 나이는 스물다섯 살이다. 맞다, 2025년 내년이다. 중학교 때부터 생각했다.

'정확히 반오십만 살고 죽어야지.'

어째서? 나이가 들수록 내 얼굴은 늙어질 것이다. 그런 늙은 얼굴로 살아 봤자 행복하지 않을 것 같으니까. 성인이 되어서 하루하루 돈과 시간에 쫓기며 누군가와 나를 비교하며 사는 삶도 행복해 보이진 않는다. 그래도 할 거 다 한 나이가 한 스물다섯 정도 아닐까? 그래서 '스물다섯 살까지만 살고 죽어야지' 하고 늘 다짐했다.

그 후 나이별로 목표를 전부 세웠다.

스무 살이 되자마자 어버이날에 부모님께 성대한 파티를 열어드렸다. 100만 원짜리 현금 케이크와 100만 원어치의 선물들을 준비했다. 최대한 화려한 파티를 열어드리고 싶어서 수많은 풍선을 직접 불어 온 집 안을 꾸몄다. (하도 많은 풍선을 불어서 한동안 빈혈에 시달렸다.) 그날만큼은 정말 완벽하게 혼자서 모든 걸 준비했다. 왜? 정말로 인생에서 두 번 다시 못할 내 죽기 전 계획이었으니까.

선물은 금으로 만든 감사패였다. 육해공이 전부 모인 성대한 잔칫상까지 차렸다. 이것저것 준비하니 그날 이벤트 비용만 200만 원이 조금 넘게 나왔던 것으로 기억한다. 미친 짓이라고 욕해도 괜찮다. 나는 이 모든 이벤트를 이미 중학생 때 계획해 놓았으니까. 이날을 위해 중학교 3학년 때부터 시간을 쪼개가며 마구잡이로 가리지 않고 수많은 아르바이트를 하며 돈을 모았다. 그리고 스무 살이 된 해의 어버이날에 200만 원이라는 돈을 전부 탕진했다.

그날 나는 직접 적은 편지를 부모님 앞에서 낭독했고 엄마는 눈물을 흘리셨다. (아빠는 그런 걸로 잘 안 우시는 성격이라 그러려니 했다.) 엄마는 눈물을 흘리시며 지금까지 잘 자라준 것만으로도 고맙다며 오히려 나를 꼭 안아주셨다. 하지만 부모님은 몰랐을 것이다. 5년 후 내가 어떤 준비를 하게 될지.

이 '죽음의 계획'에 대해선 틱톡에서도 한 번 다룬 적이 있다. 그랬더니 이런 댓글이 달렸다.

"왜 삶의 목표가 죽음이에요?"

간단하다.
난 죽고 싶다.
살고 싶지 않다.

'항상 나 자신을 누군가와 비교하며 나는 왜 이렇게 살까?'라는 생각에 갇힌 채 스스로를 깎아내리고 혐오하는 삶. 이런 삶을 누가 살고 싶겠는가. 하지만 아직 하고 싶은 것이 남아 있다.

실컷 먹고 놀기.

남들은 지금 나에게 '아무것도 안 하는 백수, 한심해'라고 비난하지만 이는 모두 계획된 것이다. 많은 사람이 내게 악플을 달고 마녀사냥을 해도 상관없다. 어차피 정해진 날에 자연스럽게 사람들 앞에서 잊히는 게 내 인생 목표이기에. 사람들은 죽음이라는 단어를 들으면 모두 부정적으로 생각한다. 하지만 나에게 죽음이라는 단어는 오히려 희망적이다. 스스로를 끝없이 깎아내리는 혐오스러운 삶을 끝낼 수 있는 유일한 방법이라고 생각하기 때문이다.

내가 죽고 싶을 때 죽을 수 있는 삶이라니. 상상만 해도 얼마나 행복한가. 내가 당장 내일 죽을지, 모레 죽을지도 모르는 게 인생인데. 무슨 일을 당해 '이렇게 살 바에야 그냥 죽고 싶다'라고 생각하여 궁지에 몰린 채 죽는 죽음이 아닌 이상, 죽고 싶을 때 죽을 수 있다는 것은 그것대로 꽤 행복한 운명이라고 생각한다. 그저 내가 생각하는 나의 행복일 뿐이니 참고만 하기를 바란다. 어쨌든 나는 죽음이 무조건 부정적인 일일 것이라는 고정관념이 사라지면 좋겠다. 죽음으로서 편안해지는 삶도 있다고 말하고 싶다. 이렇게 거창하게 내 계획을 세상에 공개해 놓고 막상 스물다섯 살에 멀쩡히 살아 있으면 사람들은 나를 보고 또 어이없다고 욕할 것이다.

목표는 '스물다섯 살에 죽는 것'이지만 그렇다고 해서 스스로 목숨을 끊을 생각은 전혀 없다. 스스로 목숨을 끊을 생각이 있었다면 지금도 엄청 괴로운데 당장 그 길을 택했지 왜 지금까지도 멀쩡히 살아 있겠는가? 그 이유에 대해 혹시나 궁금하다면, 간단하다. 나는 스스로 몸에 상처를 내는 게 싫다. 그뿐이다. 부모님이 멀쩡히, 이쁘게 잘 낳아 주신 몸을 왜 스스로 해하는가. 물론 나도 학생 때는 몸에 날카로운 무언가를 대기도 했고, 어떤 약도 한꺼번에 엄청 많이 들이켜봤다.

그 부작용으로 지금 내 몸은 여기저기 망가져버린 상태도, 몸에 날카로운 무언가가 닿은 곳들은 여기저기 조그맣게 상처들이 남아 있다. 그 상처들을 보면 사실 지금도 적지 않은 스트레스를 받는다. 내가 낸 상처라서 누구에게 탓할 수도 없고. 그 상처들을 볼 때마다 안 좋은 기억들이 떠올라서 지금도 컨실러로 가리고 다닌다. 이런 조그만 상처들로는 죽지 않는다는 걸 깨달았다.

대체 무슨 생각으로 내 몸에 상처를 냈을까? 그때도 죽고 싶었던 것 같다. 그러면서도 또 아픈 것은 싫어서 여기저기 살짝 손을 대 본 것뿐이다. 멍청한 짓이었다. 웃기지 않은가? 죽고는 싶지만 아프긴 싫다니. 내 인생은 늘 모순투성이었다. 나도 알고 있다.

나는 죽음을 위해 정말 열심히 노력했다. 한강 물에 뛰어들려고 혼자 집에서 3시간 거리에 있는 한강까지 찾아갔다가 부모님으로부터 실종 신고도 당해봤고, 몸에 날카로운 것들로 상처를 냈다가 담임선생님께 들켜서 부모님께 엄청 혼나도 봤고, 집에 있는 모든 비상약을 종류에 상관없이 입안에 한꺼번에 털어 넣고 잠이 들었다가 다음날까지 기절해서 응급실에 실려가 보기도 했다. 이런 짓, 저런 짓 전부 했지만 몇 년이 지난 지금, 나는 이렇게 멀쩡히 살아 있다.

아, 물론 '멀쩡히'는 아니다. 약물 과다 복용의 부작용으로 인해 현재 4년째 병원에 다니고 있으며, 망가진 몸을 되돌리기 위해 적지 않은 돈을 병원비에 쏟아붓고 있다. 몸에 칼을 댄 흔적들은 아직까지도 트라우마로 남아 있다. 한강에 뛰어내리기 직전에 결국 무서워서 근처 소방서로 달려가 전화기를 빌려 부모님에게 전화를 했을 때도 내게 돌아온 어른들의 말은 "너 그렇게 관심을 받고 싶니?"였다. 그렇게 내 삶에는 '관심종자'라는 타이틀이 수식어처럼 붙어버렸다.

어른들은 내가 그저 '관심이 필요해서' 그런 행동을 했을 것이라고 넘겼다. 나는 정말 관심이 필요했을까? 하지만 난 집구석에 처박혀 틱톡이나 하는 게 좋은 천상 은둔형 외톨이인데? 원래 사람이란 자신의 일이 아닌 이상 멋대로 생각하고 결론을 지어버린다. 당사자가 자기 행동의 진짜 의도를 말해 주지 않는 한. 관심을 받고 싶으면 몸에 상처를 내지 말고 그냥 말로 하라는 어른들도 있었다. 일리는 있다. 하지만 내가 정말로 '나 죽고 싶어요' 하고 말하고 다녔다면 그분들은 나를 관심종자로 안 봤을까? 글쎄, 오히려 '미친x'으로 취급했을 것 같다. 그런데 어떻게 보면 난 차라리 관심종자라는 타이틀보다 '미친x'이라는 타이틀이 더 편하다.

혹시라도, 이 글을 보는 너희 중에서 예전의 나와 같은 사람이 있다면 멀쩡한 몸 망가뜨리지 말라고 당부하고 싶다. 어차피 어중간하면 죽지도 않는다. 허투루 몸을 망가뜨리지 말고 그냥 살아라. 과거의 나에게도 그렇게 전하고 싶다. 나는 이미 늦었지만 너희는 늦지 않기를.

"부모님, 그들은 나의 슈퍼 히어로."

#엄마, 아빠

나는 부모님이 살아 온 삶을 잘 아는 편이라고 생각한다. 두 분 다 '0'부터 시작해서 지금의 여유로운 '100'을 만들어내셨다. (적어도 내가 보기엔 그렇다.) 어렸을 때부터 나는 부모님의 가게를 조금씩 도왔다. 성인이 된 후에는 1년간 '각 잡고' 엄마의 가게에서 일손을 보탰다. 그리고 깨달았다.

'아, 부모님이 지금까지도 여유로움을 유지하고 계신 건 옛날이나 지금이나 정말 꾸준히 달리고 계셨기 때문이구나.'

두 분의 경력은 40년이 훌쩍 넘는다. 사실 경력은 엄마가 조금 더 길다. 이건 비밀인데, 엄마가 아빠보다 좀 많이 연상이기 때문이다. 한 가지 일을 그렇게 꾸준히 하시는 것도 정말 대단하지만, 지금껏 수많은 고난을 겪어오셨을 텐데 그런 걸 한마디 내색도 하지 않으신 부모님이 더 대단하다.

 엄마와 아빠는 함께 일을 하시지만 주 분야는 조금 다르다. 아빠가 하는 일은 기술보다 힘이 상대적으로 더 많이 필요해서 내가 쉽사리 도울 수 없지만, 엄마가 하는 일은 힘보다는 기술이 우선이라 옆에서 조금씩 배우면 어느 정도는 따라 할 수는 있었다. 그렇게 1년 정도 엄마 옆에서 일을 배우며 가게 일을 도왔다. 아침 9시부터 밤 10시까지 옆에서 일을 도왔다. 어떤 날은 더 일찍 출근해서 더 늦게 퇴근하기도 했다.

 왜 이렇게 일하는 시간이 길었냐면, 부모님이 하는 일은 직장인들이 몰리는 출퇴근 시간대에 맞춰야 했기 때문이다. 중간에 손님이 몰리면 점심도 먹지 못할 때가 허

다했고 종일 단 한순간도 앉지 못할 정도로 바쁜 날이 대다수였다. 진상 손님이라도 잘못 걸렸다간 육체적 피로에 더해 정신적 스트레스도 컸다.

그렇게 1년의 시간 동안 엄마의 일을 간접적으로나마 체험한 결과, 만약 나라면 이러한 삶을 정말 하루라도 버틸 수 없을 것이라는 결론을 내렸다. 옆에서 나름대로 친절하게 알려주는 가족이 있음에도 하루 만에 그만둘 것 같은데, 어떻게 엄마는 이 일을 학생 때부터 단 한 번도 쉬지 않고 꾸준히 해 오셨을까? 말로는 표현할 수 없을 만큼 큰 존경심이 느껴진다.

나는 이런 나의 부모님을 정말 사랑하고 존경한다. 우리 부모님은 '네가?' 하고 생각하실 수 있겠지만 난 그렇다. 그래서 나는 내가 아닌 부모님을 향하는 댓글들에는 많이 예민하다. 부모님이 내가 하는 틱톡을 틈틈이 보고 계시기에 더 예민할 수밖에 없다.

"애가 저렇게 될 동안 부모라는 사람들은 뭘 하냐?"

어느 날 이런 악플들을 부모님이 보신 적이 있다. 두 분은 내게 심각하게 말씀하셨다.

"우리는 부모로서 네가 인터넷에서 그런 취급을 받으며 틱톡을 찍는 건 반대다. 우리가 욕을 먹는 건 상관없지만 우리 자식인 네가 어린 친구들에게 이런 한심한 취급을 받는 건 부모로서 마음이 너무 아프다. 그래서 네가 틱톡을 그만뒀으면 좋겠다."

부모님의 말씀도 옳았다. 자기 자식이 남의 자식에게 이런 한심한 취급을 받는데 가만히 있을 부모님이 어디 있겠는가. 이런 일들로 인해 나와 부모님 사이에는 틱톡을 둘러싼 크고 작은 갈등이 있어 왔다. 하지만 이제 나는 성인이다. 부모님이 뭐라고 하신들 내 주장을 펼칠 수 있다. 부모님에게 반항할 수 있는 성인이다. 부모님에게는 너무 미안하지만 나는 이렇게 생각한다.

'부모님이 나를 아무리 잘 키워주셨어도 내가 중간에 안 좋은 길로 샜다면 모두 무용지물이 되었을 것이다. 그러므로 내 인생의 선택권에서 적어도 절반 이상은 나의 몫도 있다.'

부모님이 내게 아낌없이 사랑을 듬뿍 쏟아 주셨다는 사실을 잘 알고 있다. 앞으로도 그러실 것이다. 그러니 내가 지금껏 경찰서에 한 번도 들락거린 적 없이 나름대로 건강하게 숨 쉬며 살 수 있었던 것이다. 하지만 나는 앞으로 내 삶을 내가 선택하며 살아갈 것이다. 그렇게 해야만 한다. 이런 생각하는 나, 불효녀가 맞다.

우리 부모님의 안부를 악의적으로 묻는 악플러들에게 꼭 말하고 싶다.

"남의 부모님 신경 쓰기 전에 당신들 부모님부터 먼저 챙기세요."

내가 지금 일도 안 하고 백수인 채로 인터넷이나 하며 틱톡을 하고 있는 것은 부모님이 나를 못 키운 탓이 아니라 그저 나의 단순한 취미생활일 뿐이다. (그러니 신경 껐으면 하는 바람이다. - 악플러들에게)

부모님이라는 존재는 정말 굉장하다. 불가능하다고 생각한 것을 해낸다. 내가 모르는 것들을 전부 알고 있다. 나의 고민을 아무 대가 없이 해결해 준다. 어떻게 그런 사람이 존재할까? 하지만 그분들도 모든 사람에게 그런 사람인 것은 아니다. 오직 자식인 나 한정의 슈퍼맨이다.

그런데 그분들도 '부모'는 처음이었을 것이다. 태어나면서부터 부모인 사람이 어디에 있겠는가. 하지만 나는 이 사실을 늘 망각한다. '부모님이라면 이런 건 당연한 거 아냐? 부모님이라면 나한테 당연히 이렇게 해야지!' 하지만 세상엔 당연한 것은 없다. 이런 일이 당연하다면 이 세상에는 왜 자식을 포기하고 버리는 부모들이 존재하겠는가? 난 늘 부모님에게 감사하다. 그리고 늘 죄송하다.

창피한 딸로 자란 것 같아 면목이 없고, 그동안 마음에 상처만 드린 것 같아 스스로가 원망스러울 따름이다.

부모님은 내가 틱톡 때문에 변했다고 말씀하신다. 맞을지도 모른다. 틱톡뿐만이 아니라 SNS 자체가 내 성격은 물론 인생을 통째로 바꿔 놓은 것일 수도 있다.

나도 이런 내가 마음에 들지 않는다.
엄마, 아빠. 이런 딸이라서 미안해요.

에필로그

이 글을 읽고 나를 더 혐오하게 되었다면

    그대는 평소에 나를 어떻게 생각했을까. 이 책을 읽고 그대는 나에 대한 이미지가 어떻게 바뀌었을까. 사실은 조금 두렵다. 하지만 이미 여기까지 읽었다는 건 이 책을 다 읽었다는 뜻이니, 나를 그리 미워하지 않는다고 생각해도 될까? 당신이 이 책을 읽어 주려 했다는 것 자체만으로도 고맙다. 나를 이해하기 위해 이 책을 여기까지 읽어 주었다는 것이니까.

    하지만 이 책을 읽고 나를 더 알 수 없게 되었다면, 혹은 나를 더 혐오하게 되었다면…. 나는 당신에게 그런 사람이니 어쩔 수 없다. 나의 글이 부족한 탓일지도 모른다. 아니면 애초에 나는 정말 그저 그런 사람일지도 모르겠지만. 당신의 판단이 틀리지 않았다고 생각한다.

나를 좋아해 주는 류씨집안 아가들에게 늘 이 말을 전하고 싶었다. 아무것도 가진 것 없는 나를 아무런 조건 없이 좋아해 줘서 고맙다. 가진 거라곤 텅 빈 지식, 아무런 재능 없는 몸뚱아리, 괴식을 좋아하는 입, 보정이 없으면 흉측하게 드러나는 내 얼굴, 오글거리는 목소리뿐인데. 류씨집안이라는 이름으로 모인 아가들은 내가 '유소희라는 이유' 하나만으로 그냥 사랑을 준다.

류씨집안 아가들은 나에게 희망이라는 걸 주었다. 나에게 세상을 살아갈 이유를 만들어 주었다. 나를 존재하게 만들어 준 류씨집안 아가들에게 늘 고맙다고 외치고 싶다. 고마워. 그대들에게 자랑스러운 언니가 되어 주지 못해서 늘 미안하다. 나도 노력하고 싶지만 안 하던 행동을 하려다 보면 늘 삐끗하고 넘어지기 마련이다.

　다시 한번 묻고 싶다. 이 책을 읽고 나에게 실망하진 않았을까? 모든 것이 서툰 이런 나도 괜찮겠니? 늘 미안하고, 늘 고맙다. 그리고 사랑한다. 나는 사람들에게 실망감을 주고 싶지 않다. 처음부터 내게 등을 보였던 사람들은 관심 없다. 내 곁에 있다가 등을 돌리고 가버릴 그대들이 나는 무섭다.

　내가 이 책을 쓴 이유? 나를 이해해 달라고, 불쌍하게 봐 달라고 하소연하려고? 내가 한 행동과 말들에 대해 변명을 하려고? 동정심을 얻으려고? 전부 아니다. 그저 나는 이런 인간이라는 것을 보여주고 싶었다. 이런 나도 이렇게 하루하루를 살아가고 있다. 그러니 혹시 삶이 힘들거든 떠올려라.

　'이런 다양한 정신병을 가진 류라이(유소희)라는 인간도 저렇게 세상을 살아가는데, 나라고 이런 엿 같은 세상

하나 살아가는 게 어려울까.'

 어떤 이유로든 많이 힘이 든다면 어쩌면 그것은 당신이 무언가를 잘해내고 있다는 증거일 것이다. 힘들어 하는 만큼 끝없이 성장하고 있다는 뜻이니 그냥 그 고통을 즐기면 좋겠다. 이런 마음을 전하고 싶었다. 여기까지 읽어줘서 고맙다. 행복하길.

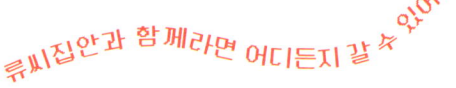
🍓 류씨집안과 함께라면 어디든지 갈 수 있어! ✨

계절이 흐르듯 언니에게도 언젠가는 눈부시게 빛날 날이 꼭 올 거야. 언니 난 항상 언니 편이야. 내 하루의 끝과 시작을 함께 맞이해 줘서 고맙구 사랑해. 아이시떼루. _서연9ㅇ

언니 사랑해, 평생 가자! _류라이크

맛있는 딸기가 주는 행복 오래오래 간직하길 바랍니다. _이유 없는 음악

딸기는 영웅이야? 아니 딸기는 전설이야. 😅 _류현우

마치 딸기처럼 다 먹고 사라질 걸 알면서도 끝내 다 먹어버리는 것처럼 우리의 인연은 깨질 걸 알면서도 영원할 거야. _초코비

<새의 선물>이라는 책에 "삶이 내게 할 말이 있었기 때문에 그 일이 내게 일어났다"라는 문장이 있는데요. 모든 순간을 미화하는 건 아니지만, 언니가 성장하고 여기까지 오기까지 의미 없는 시간은 없다고 생각해요! 이번 책을 계기로 언니는 또 한번 성장할 거예요. 항상 응원해요. _뎅나

❤

항상 행복하게. 사람들의 말을 무조건으로 믿지 말고, 자신의 생각을 최우선으로 하세요. 삶은 다른 사람이 선택해 주는게 아닌, 자신이 선택해서 살아가는 것이니까요. _먀샤

힘들 때 위로해 주셔서 감사합니다. 🙂 _믹스크림

늘 힘들 텐데 우리 앞에서 좋은 모습만 보여주려는 게 정말 고마워. 난 언니 자체를 좋아하는 거니까 걱정 말어! _겨우리

울고 싶을 땐 울어! 행복할 땐 웃고! 근데 지금은 웃어야겠지? 언니의 웃는 모습이 난 너~무 좋아! 그러니까 앞으로도 활짝 웃어줘! 언니 사랑해. 🧡 _바코드

언니처럼 설탕에 굴려먹어 봤는데 이젠 가족들도 다 설탕에 찍어 먹어! 맛있게 딸기 먹는 방법 알려줘서 고마워. 🧡 _Yeonssoo

라이 언니 항상 고맙고 내 인생에 나타나 줘서 고맙고 평생 함께하고 항상 사랑할 거야. 딸기공주 사랑해! 🍓 _류카

999

류라이 언니 덕에 내 일상이 조금 더 행복해진 것 같아. 앞 길을 응원해! 💗 _류이쮸

999

✨ 시작은 행복해야 돼. 두려워 하지마. _류씨집안에 소속된 글쎄

Share

라이님의 영상을 보면서 행복한 시간을 보내고 있어요. 항상 감사합니다. _안유미

언니 덕분에 제이팝을 많이 알게 되었어. 힘들어도 라방 켜는 언니 참 대단해…! _소민이

우리 인간 딸기 작가 언니. ㅋㅎㅋㅎ 책 만들면 꼭 구해 볼게!!! 💗💗💗 _893

언니는 항상 잘하고 있어! 언니는 류라이니까. 우리의 힘이니까. _케챱

공주님이 필요한 사람은 바로 우리! 우리가 필요한 사람은 바로 공주님! _별이 ✨

혼자 우는 것 금지야! 차라리 내 앞에서 울어 알았지? 힘들면 언제든 들어 주고 위로해 주고 웃어 주고 화내 줄 테니까 혼자 버티지 말고 마음껏 울어! _민나

딸기 먹을 때만이라도 힘들었던 순간은 잊어버리고 행복했던 순간만 생각하자. 🍓 _라윤

하루하루 수고했어요~ ✨ 류씨집안은 늘 있으니까 힘들어 하지 않으셔도 됩니다. _용복

류라이님은 제가 삶을 더 재밌게 살아갈 수 있는 원동력이에요! _가자가자

😆 언니는 항상 예쁘고 착한 사람이야. 난 언니를 응원해. 항상 사랑해! _정정

언니를 보고 굉장히 큰 행복을 느꼈어. 💛 앞으로도 맛있는 딸기 먹자! _류설기

언니는 나의 별이야. ✨ 류씨집안과 함께라면 어디든지 갈 수 있어! _카와이

매일 재밌는 라이브와 영상을 올려 줘서 감사하고 앞으로도 더더욱 기억에 남는 류씨집안이 될게요! _🍓 류랑 🍑

언니를 평가할 수 있는 사람은 언니 혼자니까 너무 기분 나빠 하지마. 항상 좋은 길만 걷자! _류뉴

언니 덕분에 제 인생이 너무 행복하고 즐거워졌어요! 너무 고맙고 사랑해. _민서

난 언니가 뭘 해도 다 좋으니까 걱정 마. 언니 사랑해! _라이언니한테 빠진 캐럿🍓

난 언니 라방을 보면서 위로 받고, 행복해졌어. 💛 고마워. _소롤

늘 강하고 웃는 모습이 사랑스러워! 우리에게 기대도 돼!😇 _헤로진

언니, 난 언니를 알기 전에는 하얀 도화지였어. 근데 언니를 알고 나서 내 도화지가 채워지기 시작했어. _여나니

💕　　류라이님 덕분에 제 인생이 즐거워진 것 같아요. 고마워요. _이웃주민

류라이님은 제게 행복이라는 존재입니다. 💕 _구름

　　나는 언제든지 언니 편이야. 언니가 제일 좋아! _류씨집안 류뀨

우리 류씨집안과 함께 있어 줘서 고마워. _뽀드득

　　이 책을 읽고 웅니에 대해 더 많이 알아갈 수 있을 것만 같아서 너무 쪼아! 작가 류라이! 앞으로도 응원할게! _류봄

라이님이 자신이 빛난다는 사실을 알고, 힘들 때도 항상 뒤에서 묵묵하게 응원해 주고 있는 류씨집안들 생각하며 다시 일어나 주기로 약속해요! 우리의 관계가 영원하길 기도하며. 💛 _설

라이님 매일 좋은 영상, 라이브 해 주셔서 감사해요! 💕 _슈쿵

　　언니는 우리에게 모든 걸 주는 멋진 사람이고, 좋은 사람이야! 류씨집안 입덕할 땐 아무 감정 없었는데 100일, 200일 지나니까 너무 행복한 거 있지? 사랑해, 언니! _앙팡이

"사랑해"보다 더 좋은 말이 있다면 라이님께 해 드리고 싶어요. 이런 제 마음을 알아 주실 때까지 항상 노력할게요! _히엔 ✨

언니는 웃는 것도, 우는 것도, 화내는 것도 다 이쁘니까 당당하게 살자. 난 언제나 언니 편이니까. 악플 신경 쓰지 말구 힘내! _류도토리 🐿️

    가끔 멘탈이 무너지거나 힘든 일이 생길 수도 있겠죠. 해명하고 상대하느라 지치지 말고, 그냥 다 내려놓고 하고 싶은 거 하면서 편하게 계셨으면 좋겠어요. 딸기 먹는 라이님, 항상 사랑해요. _예빈

누나 꼭 건강하고 행복해야 해~! ✨ _스폰지

    언니 우리 류씨집안이 다 도와줄게. _LALA

언니 항상 아프지 말고 건강하고 늘 행복하길 바래!
🍓 _sky✈

    언니가 있어서 내가 다시 일어설 수 있었던 것 같아. 항상 행복하자. _🍓가빈

999

999

난 "특이하다"보다는 "특별하다"라는 말이 더 좋아. 한 글자로 의미가 바뀌잖아. 언니는 특별한 사람이야. 사랑해. _류안

Share

    나는 너한테 바라는 게 너무 많아. 늘 너의 안녕을 바라고, 늘 너의 어두운 밤이 오래 가지 않기를 바래. 어디까지나 내 욕심일 수 있겠지만, 나는 우리의 영원을 염원해. 진심으로. 💗 _muyo

                                       🥰

私たちの話はここまで。

私と一緒にした時間はどうでしたか。

우리의 이야기는 여기까지야.
나와 함께한 시간은 어땠어?

딸기를 먹을 때는 울지 않기로 해

류라이 길티플레저 에세이

류라이 지음

초판 1쇄 발행 2025년 6월 16일	주소 경기도 파주시 문발로 139, 401호
초판 2쇄 발행 2025년 7월 28일	전화 070-8211-2265
지은이 류라이	팩스 0504-141-5750
펴낸곳 자크드앙	이메일 official@zacdang.net
디자인 유어텍스트	신고번호 제2024-000142호
제작 ㈜공간코퍼레이션	홈페이지 instagram.com/zacdang_

ISBN 979-11-990232-5-3 (03810)

· 책값은 뒤표지에 있습니다.
· 잘못 만들어진 책은 구입처에서 교환해드립니다.

자크드앙은 함께 선을 넘고 점 하나를 찍을 독자 여러분의 제안과 투고를 기다립니다.

© 류라이, 2025

이 책은 저작권법에 의하여 보호받는 저작물이므로 무단전재와 무단복제를 금합니다.
이 책의 내용 일부 또는 전부를 재사용하려면 반드시 출판사와 저자의 동의를 얻어야 합니다.